UAV

ユニーク
アトラクティブ
バリュー

あなたが知らない
あなたの会社だけの

強み

顧客に選ばれ続ける
「最強ブランド」のつくり方

Bloom&Co. 代表取締役 彌野 泰弘

日経BP

はじめに

顧客に選ばれ続ける「最強ブランド」をつくるたった一つの考え方

「広告費をかけているのに売り上げが伸びない」「認知は上がっているものの、一向に売り上げにつながっていない」「競合商品よりも最新の技術を搭載しているのに売れ行きが良くない」

このような声は、様々な企業から聞こえてきます。なぜこれらの課題は生じるのでしょうか。そしてこれらの課題は、解決不可能なものなのでしょうか。

はじめまして。マーケティングアドバイザリファームのBloom&Co.(東京・港)で、代表取締役を務める彌野泰弘と申します。Bloom&Co.は、プロクター・アンド・ギャンブル(P&G)出身のディレクタークラスの人材が10人ほど集まり、企業のマーケティングを支援する会社です。東京とシンガポールに拠点を持ちます。支援企業は、日系大企業、グローバル企業、スタートアップまで様々です。各企業に対して、顧客インサイト理解に基づくマーケティング戦略の策定と実行を伴走しながら、顧客に選ばれ続ける「最強のブランド」づくりの支援をしています。

私は独立前、P&GとDeNAに在籍していました。P&Gではブランドマーケティングの基礎を、DeNAでは、当時GoogleやFacebook（現Meta）とも連携し、先進的なデジタルマーケティングを学びました。この2社での経験と、独立後、Bloom&Co.で、100社を超える企業のブランドマーケティング支援を行った経験を基に生まれたのが、企業規模や事業カテゴリーを問わず、汎用的に活用できる「UAV（ユー・エイ・ブイ）マーケティング」というフレームワークです。

UAVとは、ユニーク・アトラクティブ・バリューの略。「顧客に選ばれ続ける価値」を意味します。この価値をどうやって創出するかこそが、「顧客に選ばれ続ける最強ブランド」をつくる、企業が重視すべきたった一つの考え方となります。

そのような強いブランドをつくるために、UAVマーケティングでは他社に模倣されにくい自社の強みと、顧客インサイトとの掛け合わせから「顧客に選ばれ続ける価値」を構築し、持続的な売り上げ成長を実現していきます。

当社はこれまで100社以上の企業を支援してきましたが、そのうち、約8割が目に見える効果を上げ、さらにその約半数が、売り上げや新規顧客の獲得などにおいて、過去最高の結果を出しています。支援前後で平均2～3倍、中には対競合で5倍から10倍ほどの投資対効果を生み出した企業や、顧客1人あたりのLTV（顧客生涯価値）が約3倍に増加した企業もあるなど高い成果を挙げています。

ＵＡＶフレームワークは、Ｐ＆Ｇ、ＤｅＮＡでの実務経験、そしてＢｌｏｏｍ＆Ｃｏ.での数多くの支援実績がなければ生まれませんでした。消費者のライフスタイルがますます多様化するこれからの時代、マーケティングによって持続的に成長するには、Ｐ＆Ｇ流のマス・ターゲットを対象としたマーケティングノウハウに加えて、ＤｅＮＡのような、デジタルを中心とした網の目の細かいマーケティングノウハウの掛け合わせが欠かせません。また企業規模や事業カテゴリーにかかわらず、どのような企業であっても再現性高く成果を出すには、汎用性の高い、フレーム化されたマーケティングノウハウの活用が求められます。そのため、Ｂｌｏｏｍ＆Ｃｏ.で様々な企業を支援する中で、あらゆる企業が活用できるマーケティングフレームワークを構築してきました。

昨今はＳＮＳの台頭などにより、消費者が多岐にわたる情報源と、無限の選択肢を手にしています。そうした中で、企業が顧客に選ばれ続けるためには、自社のブランドに対して明確な価値を感じてもらう必要があります。そのためには、企業がこれまで以上に本質的なマーケティングやブランディングに取り組むことが欠かせませんが、それらを実現するのは容易ではありません。

当社がUAVという汎用的に活用できるマーケティングフレームワークをつくったのは、フレーム化されたマーケティングノウハウを活用することで、多くの企業がより本質的なマーケティングに取り組みやすくなると考えたからです。

UAVマーケティングでは見るべき対象を「競合」ではなく、「顧客」としています。競合ばかりを意識し、単純に競合他社よりも認知を高めることに躍起になったり、同じ土俵で優劣を競い合ったりしても、異なる競合がまた別の特徴のある商品を出してきたときに、顧客を奪われる可能性があります。

国内市場においては少子高齢化により、今後、消費者人口が段階的に減ることが予想されます。一方でテクノロジーの進化により、これまで海外進出を諦めてきた国内企業にもその門戸が開かれるようになりますが、海外に出れば、より競合が増えることにもなります。そのような状況下で、競合ばかりを意識した「いたちごっこ」的な競争を続けていては、持続性のある売り上げ成長は望めません。

私は、選択肢と情報過多のこの時代、多くの顧客に永続的に愛されるブランドをつくるための答えが、「UAV」にあると考えています。

UAVマーケティングの最大のポイントは、「顧客に選ばれ続けるためにどうすればいいかをとことん突き詰めたマーケティングフレームワーク」であることです。自社の強みに立脚した、顧客が魅力的に感じる価値づくりと価値訴求を、戦略から施策まで突き詰めて実践することで、「顧客に選ばれ続ける最強ブランド」がつくられます。その結果、確度高く売り上げを伸ばし、持続的な成長が実現します。無限の選択肢がある現代においても、顧客にとってオンリーワンブランドになることで、「競合と戦わずして勝てる」強いブランドになるのです。

なぜ「UAVマーケティング」に行きついたのか

UAVマーケティングの具体的な手法を解説する前に、私がこのフレームワークに行きついた背景（自身のキャリア）をお話ししたいと思います。

私がP＆Gで働き始めたのは、2003年。約9年在籍し、スキンケアの「SK－Ⅱ（エスケーツー）」、スナックの「プリングルズ」、髭剃りの「BRAUN（ブラウン）」といったブランドのマーケティングを担当しました。

後半は、シンガポールやスイスで日本以外の国も含めたブランド戦略の策定や、実行の指揮に当たる機会に恵まれました。

P＆Gは世界でも有数の消費財メーカーで、優れたマーケティング組織を有することで知られます。その組織の内側で鍛えられ、改めて振り返ってみて良かったと思うのは、次の5つを経験の中から会得できたことです。

(1)本質的なマーケティングの基礎となる「定性的・定量的な解像度の高い顧客理解」
(2)事業の目的・目標と、顧客のニーズ・インサイトをつなぐ「ブランド構築」
(3)チームが同じ目的意識・課題認識・戦略理解を持ちつつ自律的に活動することで、事業変革や成長をもたらすための「リーダーシップ」
(4)中長期的な事業成長の鍵となる組織強化に向けた「人材育成」
(5)戦略を絵に描いた餅で終わらせない「優れた実行力」

P&Gでは1つのプロジェクトが終わると、成功した点と至らなかった点を徹底的にレビューし、次の機会に生かします。凡事徹底を極める組織の中でマーケティングを計画・実行し、レビューし、学びを蓄積し、そのノウハウを蓄積していきました。

その後、12年にDeNAに入社。最終的には、執行役員マーケティング本部長として全社のマーケティングを統括しました。DeNAで驚いたのはそのスピードです。1週間単位で様々なことが変化するのは当たり前で、わずか1日でPDCA(計画、実行、評価、改善)を回すことさえありました。

品質に妥協を許さず、数年かけて計画的に商品を開発し展開していくP&Gとは対照的に、DeNAの高速で改善を繰り返すアジャイルな事業開発・運営スタイルは新鮮でした。DeNAでは在籍していた3年間で、100本以上という大量のテレビCM制作を経験し、その効果を分析しました。これは、P&Gで9年弱在籍していた期間に作ったテレビCMの約10倍に相当する量です。

結果が数字で白黒はっきり出るのも、デジタルサービスのマーケティングならではの醍醐味でした。消費財を扱っていたP&G時代には難しかったテレビCMやデジタル広告1本ごとのコンバージョン数、顧客単位や経路単位での成果、そしてROI(投資対効果）といった指標がすべて解像度高く数値で把握できたのです。それらの指標を基に効果検証やうまくいったこと、いかなかったことを理解し、次の打ち手を考えることができました。

その中で、テレビCMを主体としたマスマーケティングと、ターゲットやクリエイティブを細分化・最適化できる、網の目の細かいデジタルマーケティングの融合を図っていきました。

P&Gというマーケティング思考が強い組織を離れたことで、P&Gでの「当たり前」がいかに洗練され、恵まれたシステムだったのかも分かりました。その頃のDeNAにとってマーケティングといえば、主にデジタルマーケティングのPDCAを回すことと、認知獲得に特化したテレビCMを制作すること。そこでまずは、マーケティングの考え方やプロセスをチームに説明し、プロジェクトで実践しながら定着させていくことが私の最初のミッションになりました。

実際に行ったのは、顧客理解に立脚した本質的なマーケティングの浸透と、顧客理解のための調査部門の立ち上げ、あらゆるマーケティング活動・計画において目的・目標を明確化すること、そして、「WHO（誰に）／WHAT（何を）／HOW（どのように）」フレームワークでの戦略的なプランニングの実践・運用です。これらの変革を矢継ぎ早に進め、顧客理解に基づいたマーケティングの重要度を啓蒙し、実践していきました。

最終的にマーケティング組織は１００人規模にまでなり、私はその責任者として全社のマーケティング活動の統括に当たりました。10人ほどだったマーケティングチームを、１００人から成るマーケティング本部に変えたことから学んだマーケティング人材の育成や組織構築、および多様な事業において汎用性高く使える仕組みをつくった経験も、ＵＡＶマーケティングのフレームワークづくりにつながっています。

そして現在は、Ｂｌｏｏｍ＆Ｃｏ.で、多様な事業・規模の企業に対して、持続的な売り上げ成長を実現するための強いブランドづくりを支援しています。第三者視点で俯《ふ》瞰《かん》して見ると、様々な企業で共通している課題があります。また、それぞれの企業で特有の課題もあるので、それらの課題にも対応しながら、各社が本質的なマーケティングを実践できるように、伴走支援しています。

ＵＡＶマーケティングは、あらゆる企業で、再現性高く成果が出せるように構築した、汎用性の高いマーケティングフレームワークです。創業以来、約10年で得られた知見とノウハウを本書に詰め込みました。初公開となるノウハウも多く含んでいます。

本書の構成

UAVは、顧客に選ばれ続ける理由となる価値です。そのため、UAVマーケティングを実践することで、顧客に選ばれ続ける最強のブランドをつくることができます。本書は、以下の構成に沿ってUAVマーケティングについて解説します。

第1章では、UAVマーケティングにたどり着くまでに、どのような経験を積んできたのか。私がマーケティングに携わるようになった経緯や、P&GやDeNAでの経験、その中で得たマーケティングの知見を共有します。

第2章では、100社以上の支援に携わる中で共通の傾向として見えてきた5つのマーケティングの誤解を取り上げ、その誤解の背景や問題を掘り下げます。

第3章では、UAVとはどのようなものか。UAVがあると、なぜ最強ブランドになれるのか。UAVマーケティングの中核となるUAVの概念と、UAVマーケティングの特徴、そしてUAVマーケティングに取り組むメリットを解説します。

第4章、第5章は、自社の強みと顧客インサイトを理解し、UAVを開発していく方法と、UAVを商品・サービスやプロモーションに反映していく際のポイントをお伝えします。後半には、事例を交えながら、開発したUAVを基に効果的なデジタルマーケティングを展開する方法を紹介します。

第6章では、UAVの開発・強化に継続的に取り組む上で必要となる、マーケティング人材と組織の育成・強化のプロセスについて解説します。

本書は、事業責任を負っている方から、マーケティングの実務に関わる方まで広くお読みいただくことを想定していますが、特に次のような課題を持つ方々にお勧めします。

・売り上げが伸び悩んでおり、ブランド力の低下を感じている。施策を打つも顧客に刺さっていない。どうすれば顧客理解に基づいた本質的なブランド構築ができるのかが分からない

・短期的な売り上げを伸ばすプロモーションの自転車操業になってしまい、中

長期にブランドを成長させられていない。しかし、どうすれば持続的成長が可能になるのか分からない

・顧客調査を行い、その結果を踏まえたマーケティングを行っているが、様々な顧客ニーズに応えていった結果、他社と似通った商品になっている

・競合と差別化したいが、何をしたらよいか分からない、競合と差別化できているはずなのになぜか売れない。しかし解決策が見つからない

・デジタルマーケティングの知見が豊富で獲得広告に注力し、事業を伸ばしてきたが、CPA（顧客獲得単価）が高騰し、収益性が悪化してきている。需要創造など、もっと上流のマーケティング活動を行うべきと課題を感じているが、どうすればよいか分からない

・持続的な事業成長を成し遂げるために、本質的なマーケティングを実践でき

るマーケティング組織づくりと、最適な人材を育成したいが、どこから始めればよいか分からない

これからマーケティングの実践を積んでいく方は、最初から読み進め、効果的な実務の手法を知るための手がかりとしてお役立てください。また、すでに実践を重ねてこられた方は、UAVマーケティングについての解説を主体とした3章以降を中心にお読みいただくことで、アプローチに新たな視点が加わり戦略強化の手がかりとなるはずです。

Bloom&Co.のパーパス（企業の社会的意義や志）は、「より良いものを、より多くの人へ」です。この本を読み、「顧客のことをもっと解像度高く理解したい」「顧客に真に価値のある商品やサービスを提供したい」「UAVを見いだして、最強のブランドをつくり、持続的にビジネスを成長させたい」。このように前向きな気持ちになる方が一人でも多く増え、UAVマーケティングの実践を通して、多くの人にとってより良い商品やサービスが増えることを願っています。

2024年5月吉日　シンガポールのオフィスにて

Bloom&Co.代表取締役　彌野泰弘

目次

はじめに 2

第1章 P&G、DeNAで学んだマーケティングの本質 21

「マーケティングが強い」とは何を指すか? 22
P&Gで学んだ「徹底した顧客理解」と、「強いブランドづくり」の秘訣 26
DeNAで学んだ解像度の高いデジタルマーケティング 38

第2章 陥りやすい、「マーケティング5つの誤解」 49

100社以上の支援から見えた、事業の成長を妨げる要因 50
誤解から見えた、本質的なマーケティングを実践するために必要なフレームワーク 68

第3章

UAVがあると、なぜ「最強ブランド」になれるのか

UAVがあると、なぜ「最強ブランド」になれるのか …… 71
「最強ブランド」をつくるマーケティングフレームワーク …… 72
「ユニクロ」「IKEA」「ダイソン」が選ばれ続けるのはなぜか …… 76
BtoBもBtoCも、UAVが求められる理由 …… 84
UAV＝「最強ブランド」につながる5つの理由 …… 88
【スペシャル対談①】ファミリーマート CMO 足立光氏
UAVは企業の存在価値
ファミマ流「UAV開発」3つのポイント …… 106

第4章
「顧客に選ばれ続ける最強ブランド」を実現するUAVのつくり方 …… 119

UAV開発の3ステップ …… 120
購入意向に直結する「ペインポイント」、「購入ドライバー」「購入バリア」を理解する …… 135

第5章
UAVの効果を最大化する5つのポイント …… 145

「戦略」を立てても「実行」に落ちないのはなぜか？ …… 146
デジタル施策にUAVを生かせば、高解像度のブランドマーケティングが実現する …… 166
〝広く、深く〟顧客を捉える「マクロWHO／WHAT」×「マイクロWHO／WHAT」 …… 173

第6章 強いマーケティング組織をつくる3つのポイント

強いマーケティング組織をつくる3つのポイント……185
持続的に売り上げを伸ばすマーケティング組織づくり・人材育成方法……186
(1)「理論を実践する」ポイント:「分かる」から「できる」を目指す……188
(2)「仕組み化」のポイント:UAVの共通理解を持ち、UAV起点で判断・連携する……193
(3)「人材育成」のポイント:必要な素養を持った人材を見極める……199
マーケティング人材を育成する「スキルチェック表」……202
【スペシャル対談②】note CXO 深津貴之氏
AIで「平均化」が加速するからこそ、企業にはUAVが必要になる……206
おわりに……218

第1章

P&G、DeNAで学んだ マーケティングの本質

「マーケティングが強い」とは何を指すか？

「マーケティングが強い」と言うとき、それは何を指すのでしょうか。短期的にも中長期的にも売り上げが伸び続けている。このような状態をつくれていることが、「マーケティングが強い」証です。そのためには、数多ある選択肢の中で顧客に選ばれ続ける強いブランドをつくる必要があります。

今でこそこのように理解していますが、マーケティングの仕事を始めた当初、マーケティングとはこういうものだと明確な考えを持っていたわけではありませんでした。実務・実践を繰り返す中で勘所を覚え、次第に俯瞰《ふかん》してマーケティングを捉えられるようになっていったのです。そうして数々の経験や学びを経て、自社の強みを基に顧客に選ばれ続ける価値を見いだす「UAVマーケティング」にたどり着きました。

「この商品・サービスならばお金を払ってでも買い続けたい」。そのような「価値」を継続的に感じてもらえたとき、「顧客に選ばれ続ける最強ブランド」となります。本書ではそんな最強ブランドづくりのポイントを紹介していきます。

第1章では、これまでの私のキャリアを振り返りながら、UAVマーケティングの礎となっているP&GとDeNA時代の経験や、両社で学んだマーケティングの極意をお伝えしていきます。

米国で学んだ、「違い」の価値

私が「強み」は「違い」から生まれると気が付いた最初のきっかけは、1995年に米国の大学へ留学したことでした。

自分にとっては嫌いな受験勉強を避けるための手段として選んだに過ぎなかった進路でしたが、「留学するなんて勇気あるね」「海外で暮らすの？　すごい！」と周囲からポジティブに評価されたのです。当然、周りの多くの友人は受験勉強をして国内の大学に進学していましたから、「人と同じではない選択」だったのですが、その時にそれが自分の独自性につながるのだと気付きました。

マーケティングとの出合いは、もう少し後でした。就職活動時はIT業界やコンサルティング業界に興味を持ち、最終的にITコンサルティング企業の職を得て日本に帰国しました。

私が社会人になった2000年といえば、ITブームの真っ盛り。ITコンサルタントは非常に人気のある職業でした。ところが、実際に働き始めると大変な苦労がありました。就職した会社は、ITコンサルタントとして、ビジネス要件の定義だけではなく、システムを構築するためのプログラミングスキルが必須。しかし、私はプログラミングが大の苦手だったのです。最初のうちは、プログラミングが必要な業務を避けられたのですが、入社してある程度経つと、それにもいよいよ限界が来ました。そして上司から直々に、「プログラミングをマスターしなければ、キャリアアップは難しい」と宣告されました。

その時に、そもそも競争相手が多い業界で必須のプログラミングが苦手では、ITコンサルタントとしてキャリアアップをするのは難しいと悟りました。そこで、どうせ努力をするのであれば、自分が24時間365日やっても苦にならないこと、要するに自分が好きなことや得意なことを仕事にしようと決断しました。何にせよ努力が必要なのであれば、好きなことの方が努力も苦にならないと思ったからです。

「長時間・長期間取り組んでも苦にならないこと」で経験を積むことが、成果を出す上でも重要だと考えました。

何時間でも苦にならずに取り組める、自分が好きなことは何か。過去を振り返って考えてみたときに、物事を分析したり、その結果から、人を楽しませるような企画を考え計画し、実行したりすることが好きだと気づきました。そのような仕事であれば自分の「好き」を「強み」に変えて、仕事で生かせるかもしれない。それがマーケティングに興味を持った理由です。当時、P&Gは、マーケティングポジションの中途採用を始めたタイミング。そこで転職先として、P&Gを選びました。

当時の私はマーケティングに携わりたいという思いが強く、P&Gという会社や、消費財を扱うこと自体に高い関心を持っていたわけではありませんでした。その中で素人ながらにぼんやりと興味を持っていたのが、化粧品のマーケティングでした。P&Gのマーケティングの中でも、化粧品はブランド力が売り上げに与える影響が大きそうだと思ったからです。そのため、採用面接では化粧品部門が志望であること、そして化粧品以外の商材に配属されるようなら、入社を希望しないと伝えていたほどです。

これは入社後に知ることになるのですが、当時P&Gの花形といえば洗剤や紙おむつ、そしてシャンプーなどの商材。多くの人は当然そのような商材を志望していましたが、私の志望は全く違っていました。面接でのそんなやりとりが面白がられたのか、無事P&Gの中途採用プロセスを通過し、03年からP&Gで本格的にマーケティングのキャリアが始まりました。

P&Gで学んだ「徹底した顧客理解」と、「強いブランドづくり」の秘訣

P&Gに入社すると、中途採用者向けの研修を受けるのと並行して、担当ブランドが割り当てられ、ブランドマネージャー（当時）の下ですぐに仕事が始まりました。研修で基本的なマーケティングのフレームワークや理論を学び、実践を通してスキルを磨く。こんな風にしてマーケターとしてのキャリアを積み始めました。

P&Gで得た最大の学びは、すべての物事を「顧客視点」で考えることです。そして、その後、数々の企業のマーケティング支援を行う中で、自社の強みと顧客インサイトを

かけ合わせることで、顧客に選ばれ続ける価値を開発する「UAVマーケティング」のフレームワークが生まれました。

当時のP&Gは、マーケティングの機能を、「商品開発」と「広告宣伝」の2つに分けていました。担当者はその両方のプロジェクトに関わる形で、商品の開発から広告宣伝に至る一連の流れを覚えていきます。

例えば、「商品開発」にまつわるエピソードではこのようなものがあります。入社時、私はマーケティング経験のない新人だったので、パッケージに貼るラベルの大きさや表記内容など、あらゆる決定事には上司の合意を得る必要がありました。パッケージデザインはどうするか、ラベルに何を書くのかなど、細部まで徹底的に議論し固めていきます。これらの作業は地味で、正直、面白みに欠けると思っていた時期もありました。しかし、細部のわずかな差によって顧客がどれだけ商品の良さを理解できるかが変わり、売り上げに大きく影響することを目の当たりにして、考えが変わりました。

「なぜラベルをその大きさにすべきなのか。その順番で記載する理由は何か。顧客がそれを良いと思うのはなぜか。顧客にとって、どうしてそれが最善なのかを明確に説明できる必要がある」と先輩から教わったことがあります。当時私は、ラベルに商品の特長をすべて入れようと考えていたのですが、先輩からは、「商品特長を網羅的に並べるよりも、顧客が求めている便益を印象的に伝える方が、顧客が商品価値を理解しやすい」と顧客視点のアドバイスをもらいました。P&Gでは、それぐらい徹底して細部までロジカルに顧客視点で議論します。「神は細部に宿る」との言葉通り、マーケティングは細部の積み重ねから顧客体験が形作られる。身をもってこれを学びました。

「広告宣伝」においても同様に、顧客視点で要件を定義することと、定義された要件を漏れなくしっかりとクリエイティブに落とし込み、戦略の具現化を徹底するよう習いました。

施策を実行した後はそのままで終わらせるのでなく、必ずレビューを行うのもP&Gでたたき込まれたことの一つです。プロジェクトが終わるごとに目的は達成できたのか、どんな良い点があったか、どんな改善点があったのか、顧客がどんな反応を示したのか、次に生かすべき点は何かなど、周囲のフィードバックも得ながら活動の分析・評価を行っていきます。

入社して3年目頃からは、プロジェクト単位ではなくブランド単位でのレビューを任されるようになりました。1年間のマーケティングの施策や活動によって、事業目標は達成できたのか。達成・未達成の要因は何か。さらに改善するためには何をすべきか。これらの原因と対策が明快になるまで分析し、詳細に振り返るのです。そのレビューを通じて分かった成功要因も失敗要因もチームと共有し、さらにはブランドに関わる他部署のメンバーと議論を重ねることで、多くの気付きを得ていきました。こうして、自分なりのブランドマーケティングの理論を築いていったのです。

経験を重ねるうちに仕事の流れや勘所が分かるようになり、「プロジェクトをどうこなすか」ではなく、「どうすればブランドの売り上げを伸ばせるのか」、言い換えると「もっと顧客に選ばれ続けるブランドになるにはどうすればいいのか」というように、目線も上がっていきました。曖昧で捉えどころがないと感じていたマーケティングに求められるスキルが俯瞰《ふかん》的・体系的に整理され、徹底的に顧客目線に立つことの重要性が次第に身に付いていったのです。様々な経験を経て、ブランドを育て、売り上げを持続的に伸ばすためには、必要な要件を明確化し、関係各所を巻き込みながら各要件を着実に具現化することが欠かせないと考えるようになりました。

P&Gでは、企画を考えたり実行したりするときには、必ずその目的を明確化します。目的から逆算し、目的達成に向けての要件を定義し、要件に基づいて個々の施策を組み立てます。そして複数部門のメンバーと同じ目的を共有し、建設的に議論し、スピーディーに意思決定していくためのコミュニケーション原則や共通言語を学んでいきます。このようにしてチームとともに、スピーディーに事業目標を達成するために必要な戦略を策定・実行することで、自分なりの型ができていきました。

P&Gで働くうちにだんだんと実感してきたのは、マーケティングとはセリング（売り上げを伸ばすための一方的な売り込み）からの脱却を目指すこと。そして、広告やプロモーションをうまく活用しながら、ブランドの価値を高め、商品やサービスが顧客から自発的に選ばれ続ける状態をつくり、それによって持続的な売り上げ成長を実現すること。これこそが本質的なマーケティングの役割であり、「強いブランドづくり」の実現につながるということです。いくら多額の広告宣伝費を使ったとしても、顧客がその対価を払ってでも購入し続けたいと思える価値を提供できなければ、選ばれ続ける理由にはなりません。

「顧客に選ばれ続ける最強ブランド」のイメージが湧くように、飲食業界で「予約が取れない店」を例に考えてみましょう。飲食業界は、非常に競争の激しい市場ですが、おいしいことはもちろん、独自性の高いコンセプトや他では食べられないメニューなどで、顧客の心をつかんで離さない繁盛店があります。そのような店は、積極的にチラシ配りや広告宣伝をしなくても、一度来店した顧客の評判が評判を呼んで、顧客が途切れることがありません。私はそんな「リピート顧客が多く、予約が取れない店」のような状態になることが、本質的なマーケティング活動を通じて目指すべき最強のブランドだと思うのです。

顧客のインサイトを捉える重要性

広告を活用する場合、重要なのは、ただ広告宣伝費をかけてブランド名の認知を広めればいいわけではないということです。まずは、顧客が求めるものを理解し、逆算的に要件を洗い出し、顧客が対価を支払っても買い続けたくなる価値ある商品やサービスを開発すること。そして、その価値がしっかりと伝わるような広告を制作し、その価値を限りなく正確に伝達すること。この順序で進めることが、顧客に選ばれ続ける最強ブランドをつくり、持続的に売り上げを伸ばすための秘訣です。

顧客を理解するには、インサイトを捉えることが大切です。私はP&G在籍時に、スキンケアブランドの「SK－Ⅱ」を担当し、「5年前・5年後」というブランドキャンペーンを行いました。これは、「SK－Ⅱはいつかは使いたいブランドだけれど、今じゃなくてもいい」という当時のビジネス課題を解決するために設計・実行したキャンペーンです。SK－Ⅱは効果が高く、良い商品だと認識されていました。しかし、その認識が逆効果に働くこともあり、「私にはまだ早すぎる。もっと肌悩みがひどくなってから使い始めたい」と、若年層がなかなか手を伸ばしてくれないという課題がありました。

ただ、本当に効果が高いものに興味がないわけではなく、顧客インサイトには、「数年前の肌の方が美しかった。これ以上肌が衰えるのは嫌だ」という危機感があることも分かりました。この顧客インサイトから生まれたのが、「5年前・5年後」のキャンペーンアイデアです。「5年前のあなたの肌と今の肌を比べてみてください。5年後の肌も美しくあるために、今始めよう」ということを伝えたのです。

5年後の自分の肌がどうなっているかを想像しながらスキンケアを選ぶ人が少ない中で、「早くから効果性の高いスキンケア商品を使い始めることで、あっという間に来る数年後でも自分の肌を最大限、良いコンディションに保てる」と、「5年前・5年後」のキャンペーンでは、印象的にそのメッセージを訴えました。このメッセージは多くの人から共感され、売り上げも伸びました。

この時に気付いたのは、「強く共感されるコンセプトをつくり印象強く届けられれば、商品を買いたいと思ってもらえる」ということです。こうして改めて、顧客理解に基づき戦略要件を整理し、実行する重要性を学びました。その後、競合他社が次々と似たようなアイデアのキャンペーンを打ち出したことからも、業界における先駆けとなった手応えを感じました。

また、SK－IIのトライアルセットを生み出した経験も、P&G時代の印象的な思い出です。SK－IIは、ほとんどの商品が1万円を超える高価格帯ブランド。スキンケア商品は、自分の肌に合わなかったら無駄になるという懸念が購入をためらう要因となります。しかしながら、スキンケア商品は一定期間、適切な量を正しい使い方で使用しないとその効果を実感できません。そこで、心理的なハードルの高さを下げるために、1万円以下で効果を十分に実感できるトライアルセットを作りました。一度試してもらえれば、良さが伝わるという自信があったからです。

このセットは、SK－IIを初めて試す新規顧客向けに欠かせない商品となりました。日本以外の多くの国でも発売され、10年以上経った今でも販売され続けています。

このとき私が行ったのは、購入の心理的なハードルとなる要因を超えるために必要な要件を明確化し、潜在顧客が求める価値を実感できる商品を、躊躇しにくい価格で提供すること。こうして購入における心理的なハードルを乗り越えることに成功したのです。

「Consumer is Boss(消費者がボスである)」という組織文化

売り上げの源泉は顧客であり、顧客理解を基にして戦略をつくり、それを正確に実行していくことが必要です。P&Gは、意思決定の軸を「顧客の反応」とすることからも、顧客理解に基づいた価値創造を行う経営を徹底していることが分かります。ビジネスを行う上での基本的な指針は「Consumer is Boss (消費者こそが我々のボスである)」という言葉で端的に表され、社内に浸透していました。

P&Gでは、事業拠点を置くすべての国・地域でトップブランドをつくるべく、マーケティング活動の成功例を集約して体系的なノウハウにしていきます。また顧客理解を基にしたマーケティングを全部門が連携して行えるように、マーケティングのセオリーやフレームワークも定期的にアップデートされ、全世界で共通化されています。

世界各国の最良の事例を基にノウハウをアップデートするというグローバル企業のスケールメリットを生かした取り組みは、Ｐ＆Ｇの強さの源泉でもあります。在籍していた当時は、こうした環境を当たり前のものとして享受していましたが、外に出て初めて、それらが持続的な事業成長を可能にする経営の仕組みであることに気付きました。

マーケティングの成功の鍵は、顧客視点での意思決定を徹底すること。最良の事例を基に進化し続ける汎用性の高いフレームワークを持ち、全員がそれを使えるようにすること。優れたマーケティング施策を展開する高い実行力と、それを重んじる文化を醸成し、施策を的確に実行できる人材育成の仕組みをつくること。これらはＰ＆Ｇにいたからこそ得られた気付きだったかもしれません。

Ｐ＆Ｇで学んだ３つの教訓

Ｐ＆Ｇでは、次の３つの教訓を学びました。

――The only strategy that consumers see is execution.

実行は顧客が目にする唯一の戦略である。

戦略は、企業活動の根幹を担う重要なものなので、当然、戦略の策定は必要不可欠となります。マーケティングで言えば、その事業は、誰に（WHO）、どのような価値（WHAT）を届けるのかが戦略に当たります。ただし、それらが最終的に顧客の目に見え、手に届き、価値を感じてもらうには、価値が具現化された商品の開発や、価値が明確に伝わる広告宣伝など、施策の実行が伴っていなければなりません。せっかく優れた戦略を立てても、価値を提供できる商品やサービスが開発され、価値が正確に伝達されなければ、戦略は絵に描いた餅。優れた実行なくして、売り上げ向上にはつながりません。

—Great leaders drive change.
変革をもたらすためには、強いリーダーシップが必要。

これまで取り組んでこなかったことに注力するなど、何か新しいことを始める際は、壁が立ちはだかることもあります。そうした壁を突破するには、変革の目的をチーム全体で共有し、理解と協力を得て、チームが一丸となって取り組めるようにするリーダーの強い意志が必要です。

半ば強引にでも一度挑戦してみて、結果を出しながら周囲を納得させる。そのような強い意志で変革に取り組むことで、組織は変化の必要性を理解し、受け入れるようになります。P&G時代には、その過程で生じる痛みや抵抗を乗り越えるだけの熱意と行動力を持つようにと、何度も何度も繰り返し強調されたものです。

——Team collaboration is crucial in driving sustainable results.
持続的な事業成長のためには、チームの強みを結集させることが必要。

持続的な事業成長に向けた変革のためには、チームメンバー個々人の強みを結集させて難題を解決していく必要があります。組織として高いパフォーマンスを発揮するために重要なのは、部門をまたいだ関係者全員で、取り組みの目的やターゲットとなる顧客の理解、そして、目的を達成するための戦略に対する共通理解を持つことです。

企業の成功は、最終的にはその組織を構成するメンバーの能力の総和によって生み出されるものです。組織が淀んでいれば、個々の行動も引きずられ、組織として機能しなくなります。強固な組織を築き、個々のメンバーが持つ強みや能力を引き出し、正しい戦略を策定し、その戦略の具現化に向けて必要な変革を起こせば、おのずと成功に近づきます。そのためにも、強い組織を構成する優秀な人材を採用・育成し、継続的な組織強化に取り組むことが必要です。基本的なことですが、これもP&G時代にたたき込まれた、持続的に事業を成長させるための考え方となります。本書の後半では強いマーケティング組織をつくりあげる、人材育成の方法についても触れます。

DeNAで学んだ解像度の高いデジタルマーケティング

外資企業のP&Gから日本企業であるDeNAへ転職するきっかけとなったのは、2009~11年のシンガポール赴任でした。日本にいると、自分が日本人だと意識する場面はあまりないですが、日本を出て、経験や文化が異なる世界中の仲間と働くうちに、自分が日本人だという自覚が強くなりました。また当時は、日本企業の低迷が海外でもニュースで話題になっていた時期でもあったので、次第に、次の挑戦ではこれまでの経験を生かし、日本企業が強みを生かして世界で成功するサポートをしたいと考えるようになりました。

世界と勝負できる日本企業の強みは何か。当時は、東日本大震災後だったこともあり、建築技術、サービス（飲食含む）、エンターテインメントの3つだと考えました。その中で最も関心があったのが、エンターテインメント領域です。エンターテインメントに興味があったのは、日本の強みであるゲームやコンテンツの力に、これまでに培ってきたマーケティングのノウハウを組み合わせれば、日本企業が世界でもっと活躍できるかもしれないと考えたからです。縁も重なりＤｅＮＡへ転職を決め、12年に入社しました。

Ｐ＆ＧとＤｅＮＡでは、企業文化や仕事の進め方など様々な違いがありました。Ｐ＆Ｇでは、様々なテストを経て、成功の確度や商品の完成度を最大限に高めて市場に投入していましたが、ＤｅＮＡでは素早く市場に投入し、運用しながら改善を重ねるスタイルを採っていました。スピード感を持って市場に適応し、進化させていくＤｅＮＡのスタイルは、それまでに経験したことのない、とても新鮮な世界でした。

プロモーションの方法も大きく異なりました。消費財メーカーは小売店と協力して商品を顧客の手元に届けるため、商品の供給量を踏まえて、売り切れを起こさないように適切にプロモーション計画を立てる必要があります。しかしデジタルサービスの場合は、サーバーが落ちない用意ができていれば、基本的に上限はありません。最大限に効果的なプロモーションを実施し、成果の最大化を目指すことができます。

パッケージ商品の事業とデジタルサービスの事業では、スピード感も違います。P&Gでは当時、プロモーションをスタートしたら、早くても成果を確認するのは、週単位。そのため、プロモーション活動がどれほど販売促進に結びついたかを即座に、精度の高いデータで分析するのには限界がありました。小売店などのオフラインチャネルでの効果測定を、リアルタイムで精緻に行うのは難しいからです。

一方、DeNAでは、テレビCMを放送した瞬間から、そのCMが宣伝するスマートフォンゲームへのアクセス数や新規ユーザー数、ゲームのアイテムの購入数にどれだけつながったのかが、リアルタイムかつ正確に把握できました。弁明の余地がないぐらいに、プロモーションの成果が数値となって可視化されるわけです。それにより、クリエイティブごとのLTV（顧客生涯価値）やCAC（顧客獲得単価）を見ながら、プロモーション活動のＰＤＣＡ（計画、実行、評価、改善）を回すことができました。こうしてスピーディーで、解像度の高いデジタルマーケティングの世界を学んでいったのです。

大コケから連続でヒットを飛ばせた理由

ＤｅＮＡでの初仕事は、新しく出すソーシャルゲームのプロモーションでした。Ｐ&Ｇでは通常、半年ほどかけてプロモーションの準備をしていましたが、その時、そのゲームのローンチまで残された期間はわずか1カ月と短く、混沌としていました。超特急での準備でしたが、どういう訴求をすれば成果が出るのか、可能な限り多くのターゲット顧客のインサイトを理解し、戦略をつくり実行したところ、大成功を収めることができました。しかしそう甘くはないもので、2つ目に手掛けたプロモーションは、大コケしてしまいました。

幸いだったのは、失敗の理由が明確だったことです。この時の敗因は、ローンチからすでに一定期間を経た、ピークを過ぎたゲームタイトルだったこと。分析していくと、伸びしろ自体が少なかったことが分かりました。

その振り返りから、次のプロモーション以降は、伸びしろが期待できるゲームタイトルを選定した上で、プロモーションの判断をする方針に転換。早い段階で失敗の要因を突き止め、適切な方針変更ができたことで、それ以降は連勝を重ね、再現性を持って成果を上げていくことができました。

ゲームタイトルの中にも、プロモーションで成果を出しやすいものと、出しにくいものがあることは事実です。どのタイトルならば伸びるか。逆に伸びしろが少なく、成功の難易度が高いものは何か。投資家がデューデリジェンス（投資対象へのリスク調査）を行うように、マーケティングにおいても、事前に見極めを行うのは大事なことです。

見極めのポイントは商材によって異なりますが、ゲームの場合にはある程度定量的に伸びしろを見定めることができます。ＤｅＮＡでは、データを基に、候補となるゲームタイトルの伸びしろでスクリーニング（条件に合うものを選び出す）をかけ、指標が一定の閾値《しきいち》を超えたものをプロモーション対象としました。こうして、プロモーションの成功確率を高めていったのです。

私の場合は、当時、全社のマーケティング責任者として、ゲームタイトルやその他の新規事業のプロモーションを俯瞰《ふかん》できる役割だったのでそれが実現できたわけですが、商品ごとやブランドごとなど管理体制が縦割りになっている場合には、組織の壁もあるかもしれません。しかし、あらかじめ商品やサービスの伸びしろを見極め、大きな成果を出す確率の高いものから着手することは、投資対効果を高める上では非常に重要です。

多様なケースを100本ノックするとノウハウは急速にたまる

DeNAでは、圧倒的な数のプロモーションを経験する機会に恵まれ、これは、マーケティングのノウハウを蓄積していくのに絶好の機会でもありました。

その頃、DeNAの1カ月当たりのテレビCM投下量は、P&Gが日本で展開する全ブランドのテレビCM投下量を上回ることもありました。私はDeNA在籍中、事業会社の担当者としては、日本で一番テレビCMを作って、投下していたのではないかというぐらい、猛烈な数のマスプロモーションを手掛けていました。顧客調査を基にプロモーション戦略の策定を行い、広告代理店に向けたオリエンテーションシートを作成し、企画を選定し、テレビCMの編集に立ち合い、精度を高める。今振り返っても、ものすごい数をこなしていたと思います。

P&Gでは、世界中で成功したプロモーションと、そうでないプロモーションを分析して学びの共有が行われますが、自分自身が直接携わるプロモーションの数は限られます。当時私は1ブランド当たり約3年を費やし、約9年間で3つのブランドを担当しました。

一方、DeNAでは3年の間に数十のサービスを手掛け、100本以上のテレビCMを制作しました。最良の事例を学ぶことも大切ですが、成果を出さねばならない切迫した状況に追い込まれる中での実践経験から得られる学びに勝るものはありません。DeNA時代に、圧倒的な打席数をこなし、リアルタイムで解像度の高いデータ分析をし続けたことで、何がどうなると成功するか、成功と失敗の要因を見極め、それを血肉化していったのです。

顧客インサイトの理解を重視するマーケティング組織をつくる

数多くの施策実行を指揮しながら、DeNAではマーケティングプロセスの構築とマーケティング組織の強化にも取り組みました。魅力的なゲームタイトルがそろっているので、戦略的にプランニングできるプロセスを確立できれば、売り上げ成長につながると考えていたのです。

とはいえ、DeNAとP&Gでは企業文化や仕事の進め方は異なります。P&G流のマーケティングセオリーをそのまま導入するのでは、機能しないのは目に見えていました。そこでP&Gで学んだ顧客理解から始めるプロセスを、DeNA流にアレンジして導入を進めました。

まず行ったのが、顧客理解のための調査部門を立ち上げることです。ちょうどその頃、P&Gを退職した顧客調査部門の元同僚がいたため、声をかけて加わってもらいましたが、最初は、自ら定性調査の方法を手本として示すなど、地道な取り組みを積み重ね、徐々に社内で顧客調査を担えるメンバーを増やしていきました。

データを重視するDeNAでは、初めのうち定性調査を懐疑的に見たり、敬遠する声もあったりしました。しかし成功事例を積み重ね、その有効性を見せることで定性調査に対するネガティブなイメージを払拭。マーケティング戦略策定のためのコンセプト開発に活用していったところ、徐々に理解者が増え、社内に浸透していきました。次第にゲームタイトル決めやサービス開発時にも、顧客調査が活用されるようになり、顧客インサイトの理解をプロモーションのプランニングだけでなく、プロダクトの開発組織の中にも浸透させていくことができました。

プロセスの構築・仕組みづくりと並行して、組織づくりにも力を入れました。その時私は、中長期のマーケティング組織戦略の一環として、マーケティングプロジェクトを率いることができるプロジェクトリーダーの育成を重視していました。そこでマーケティング推進チームをつくり、マーケティングプロジェクトをリードできる素養のある人材の抜てきと育成を進めました。当初10人ほどしかいなかった小さな部署は、関連部署の統合を経て、最終的に100人ほどの組織へと拡大。再現性高くマーケティングの効果を最大化するための基盤となる、強いマーケティング組織づくりを進めていきました。

まっさらな状態からの顧客調査部門の立ち上げ、マーケティングプロセスの構築、マーケティング人材の抜てきと育成、そして顧客インサイトの理解を重視するマーケティング組織をつくる難しさと意義。これらを経験できたのが、DeNAでの3年間でした。

P&G、DeNAの2社を経験してきた私が起業を決意したのは、大きな成長が求められるスタートアップに、これまで私が培ってきたマーケティングノウハウを掛け合わせたら、確度高く、持続的な売り上げ成長ができるのではという仮説を立てたからです。

そして創業後は、スタートアップのみならず、日系大企業からグローバル企業まで多様な企業のマーケティングに携わり、各社のマーケティング課題に取り組んできました。現在Ｂｌｏｏｍ＆Ｃｏ.では、それらの経験の中で培われたノウハウを汎用性高く、様々な企業で活用できるようにＵＡＶマーケティングのフレームワークに集約し、進化させ続けています。これまで、ＢｔｏＣ（企業対消費者）、ＢｔｏＢ（企業間）、ＢｔｏＢｔｏＣ（企業対企業対消費者）とあらゆる企業に伴走してきました。商材も、食品から太陽光発電まで様々あります。当社のメンバーは、ディレクタークラスのＰ＆Ｇマーケティング出身者を中心に全員が事業会社出身なので、常に「自分がブランド責任者ならどうするか」という視点で考えます。そのため、売り上げや投資対効果を伸ばすために、どうしたら無駄な投資を絞れるか。どうしたら伸びしろが大きい点に選択と集中できるかを、支援先に忖度することなく、本質を追求する議論を交わしながら進めることができます。

ブランド責任者の視点と、第三者の客観的な視点の両輪で取り組んでいるからこそ見えてきたブランドづくりの勝ち筋があります。多様な支援をする中で「陥りがちな誤解」も見えてきました。また、成功確度の高いＵＡＶを開発しても施策に落ちていなかったり、一貫性や継続性に欠けていたりと、戦略策定以上に、優れた実行に落とすことがいかに大変で大切なことかも理解できるようになりました。

これら100社以上の支援を経て得た学びを、実践的で汎用性が高いマーケティングの方法論へと昇華し、「型」にしたのが、UAVマーケティングです。

最近は大手企業から、持続的な売り上げ成長のために、UAVの開発・強化の支援に加えて、自社のマーケティング人材や組織の強化を行いたいという依頼も増えてきました。実際、特定のブランドにUAVマーケティングを導入し、実践の中で人材育成を同時に行った結果、そのノウハウを社内に浸透させ、複数の事業で持続的な売り上げ成長につなげている企業も出てきています。

過去から現在にいたる私のマーケティング経験を基に、本書では、戦略策定のノウハウ論に留まらず、顧客に選ばれ続ける最強ブランドのつくり方や、成果を出すために必要な人材育成や組織強化の方法までをお伝えしていきます。

第2章

陥りやすい、「マーケティング5つの誤解」

100社以上の支援から見えた、事業の成長を妨げる要因

世の中でブランディングやマーケティングと呼ばれる活動の中には、ブランド名を知ってもらうこと、つまりブランド名称の認知拡大に躍起になったり、ブランドをただかっこよく見せることに注力したりしているものも見られます。果たしてそれで、本当に顧客に買ってもらえるのでしょうか。皆さんは、認知したものをすべて買っていますか？　見た目がかっこいいからという理由だけで買っていますか？

100社以上を支援してきた経験から言えることは、「マーケティングに対する誤解」が、本質的なマーケティングから遠ざけ、事業成長を妨げる要因になっているということです。とりわけよく見られるのが、（1）「顧客理解」の間違い、（2）意味のない「差別化」、（3）「自社の強み」の押し売り、（4）「認知神話」の妄信、（5）「ブランディング」の誤解の5つです。本章では、企業が陥りがちなマーケティングの誤解や間違いに焦点を当てて掘り下げます。

（1）「顧客理解」の間違い

昨今、顧客理解の重要性が注目され、顧客調査を実施する企業や、顧客の声を集める企業が増えてきました。そのような顧客調査に取り組んでいる企業でも、「顧客に直接話を聞いても、何をしていいか分からない」「顧客の言う通りに商品やサービスを変えたのに、買ってもらえない」「買わない理由は解消できたはずなのに、買ってもらえない」など、顧客理解が課題解決に結びついておらず、むしろ悩みがより深くなっていることがあります。

そうした企業に、「誰に」「何を」聞いているか尋ねてみると、「自社商品を買っていない人」に「買わない理由」を聞き、それら一つ一つを解消すべく努力をしていますと返されることがよくあります。残念ながら、そのアプローチでは買ってもらえるようにはなりません。自社ブランドを磨き、最強ブランドをつくるための気付きは、そのブランドの価値を知っている既存顧客の中にこそ見つけられるものだからです。

そのため、ブランドを購入し、使用したことがない人に買わない理由を聞き、解消したとしても強いブランドにはなりません。買わない理由をすべてなくしても、そのブランドを欲しくなるような理由がなければ、購入意向は生まれないからです。

つまり、「買わない理由をなくせば、買ってもらえる」は大きな誤解なのです。

例えばあるシャンプーのブランドで、買わない理由として多く挙がったのが、「匂いが強すぎて好きじゃない。もっと自然な香りがいい」だったとします。そこで香料を天然の精油にし、自然な香りに刷新。しかしシャンプーの強い匂いが好きではない人が、自然な香りになったところで、そのシャンプーをすぐに買う動機になるかというと疑問が残ります。なぜなら買わない理由がなくなっても、それ以上に買う理由、言い換えれば、その商品にお金を払っても買い続けたくなるような魅力がなければ、多くの場合、すぐに買いたいとはならないからです。この点については、第4章（「購入ドライバー」と「購入バリア」）で改めて説明します。

商品を購入したことがない人に、買わない理由を聞いてよく挙がる理由の一つが、「値段が高いから」です。しかし、これもただ値段を下げれば買ってもらえるかというと、いくら安くても、必要のないもの、つまり「買う理由」がないものは、多くの人は買いません。

顧客理解で重要なことは、「なぜ買わないのか」と買わない理由をつぶしていくことではなく、「顧客が自社のブランドをなぜ買ってくれているのかを特定する」こと。そして、「顧客が自社のブランドを数ある選択肢の中から選び、買う理由を明確化する」ことです。これが顧客に選ばれ続ける理由となり、UAV（ユニーク・アトラクティブ・バリュー、顧客に選ばれ続ける価値）の開発となります。

(2) 意味のない「差別化」

それでは「選ばれ続ける理由をつくるために必要なこと」とはなんでしょうか？　ここで多くの企業から聞かれる答えは、「自社の商品やサービスが競合より優れていること」ですが、これも注意が必要です。

なぜなら最初から競合を見てしまうと、競合と比べて自社に足りないところばかりに目が行き、競合との差を必死で埋めてしまうからです。運良く競合より優位な点を見つけられたとしても、それがすぐに模倣できてしまうものであれば、今度は競合が自社との差を埋めるために模倣してくるでしょう。そうなると差別化を目指していたはずが結果的に同質化し、顧客からはどの会社の商品やサービスも大差のないものに見えてしまいます。このようなケースも様々な業界で見かけます。

同質化した状況に陥ると、価格の値下げでしか購入意向を喚起できなくなるので、壮絶な値下げ合戦の末、カテゴリー全体の収益性が下がるといった悪循環を招くことになります。

「顧客に選ばれ続ける最強ブランド」をつくるために企業が行うべきことは、自社の顧客は誰で、自社ならではの、どのような価値によってその顧客に選んでもらうのかに意識を向けることです。

つまり着目すべきは、「競合との差」ではなく、「自社の強み」と「顧客のインサイト」になります。自社の強みに立脚した、顧客が魅力的に感じる価値を開発することが、構造的優位性を持つ「顧客に選ばれ続ける価値」になるからです。

しかし、競合の強いところばかりを見ているからか、「自社の強みが分からない」と嘆く企業も驚くほど多くいます。その場合、強みがないのではなく見落としているか、自社の強みを過小評価していて、強みと認識できていないだけのことがほとんどです。

自社の強みはどこにあるのか。そのヒントは自社が得意とすることや、他社との「違い」にあります。一人ひとりに個性があるように、A社とB社が全く同じということはありえません。そしてそこが顧客にとって、引き付けられるポイントになっていれば、それが「ＵＡＶ」となります。私はよく「違いが強みの源泉となる」とお伝えするのですが、自社の強みを見つけるには、まずは「違い」に目を向けてみることが重要です。

例を挙げて説明しましょう。顧客向けに情報提供を行うＥ社は、競合サービスよりもＷｅｂサイトでの案件の掲載数が少なく、最初のうちはそれを弱みと捉えていました。しかしよく話を聞いてみると、Ｅ社では「お客様に正しい情報のみを提供をする」という厳しい審査基準を設けていることが、他社よりも掲載数が少ないことの背景にあったのです。

一方、豊富な掲載数を誇る競合のＦ社は審査基準を甘めに設定し、掲載数を確保していることも分かりました。いくつもの選択肢の中から自分が欲しいものを選べるという点から見ると、掲載数の多さは顧客の便益となるかもしれません。しかし、玉石混交の情報の中から正しい情報を選び出す手間は、顧客が必ずしも最適とは言えない選択をするリスクを高めていた可能性もあります。

それが分かったことで、Ｅ社は掲載数が少ないことが逆に自社の強みであると認識できました。そこで自社のサービスを、「厳しい審査で厳選した商品のみ取り扱っている」

と価値転換して独自性の強化を図っていきました。他社との「違い」は自社の「弱み」と捉えられることが多いのですが、このように見方を変えることで、逆に「違い」は「強み」に転換できます。これらは、顧客に選ばれ続ける理由につながっていきます。

(3)「自社の強み」の押し売り

「自社の強みが分からない」と同じくらいよく聞こえてくるのが、「このこだわりこそ私たちの独自性です。これを顧客に伝えたい」という、企業による「強みの押し売り」です。

この問題点は、自分たちのブランドの特徴や独自性が、顧客から見た時に必ずしも「価値となる強み」とはならないことにあります。

例えばある家電メーカーが、最新技術を搭載した商品を買ってもらうために、どのような技術を搭載しているか、一般には聞きなじみのない用語をたくさん並べて広告宣伝を行ったとしましょう。広告を見た人が技術に興味があればよいですが、商品を選ぶ基準としてデザイン性や軽さなどに重きを置いている人であれば、いくら技術力の高さを聞いても、「買いたくなる理由」としての価値は感じないかもしれません。

真摯にモノ作りや顧客と向き合っている企業ほど、「他社は3回しか耐久テストしないところを、当社は10回も行っています」「他社よりも数倍の研究開発費をかけて、基礎研究から力を入れています」「お客様に見えないところまでこだわって作っています」と、全社でその情熱を共有し事業を展開しています。もちろんこれらはとても大事なことではありますが、それは自社の「方針」や「こだわり」であって、顧客にとっての価値とは別物です。

UAVマーケティングの中での「強み」は、「顧客にとってその商品やサービスを選ぶ理由となる価値」です。

自分たちのブランドの特徴が、顧客にはどう映るのか、顧客視点で「価値になる強み」をあぶり出す。これが顧客に選ばれ続ける理由になります。

(4)「認知神話」の妄信

莫大な広告費をかけて認知拡大に取り組んだのに、買ってもらえないと悩む企業も多くいます。「名前を知ってもらえさえすれば、買ってくれる」。これは、認知神話の妄信です。認知が80％近くあるのに、売り上げが減少しているような会社もあります。

もしもマーケティングで達成すべきことを「認知の獲得」と考えていたら、それは要注意です。実際、皆さんは認知しているものをすべて買っていますか？　きっと認知していても、買ったことがないものの方が圧倒的に多いのではないでしょうか。そう考えると、むやみに「認知獲得」を目指すのは不思議なことに思えます。

「マーケティング＝認知獲得」の誤解を理解するには、日本のマーケティングと広告の歴史をひもとく必要があります。振り返ると過去数十年間、日本におけるマーケティングは、テレビＣＭを中心としたマス広告で商品の認知を高める手法で拡大を遂げてきました。それとともに、消費行動モデルの「ＡＩＤＭＡ」（Attention：注目→Interest：関心→Desire：欲求→Memory：記憶→Action：行動）の考え方が定着していき、「マーケティングの第一歩は、認知獲得」という考え方が広がったのだと思われます。

供給よりも需要が多かった時代、言い換えると顧客にとっての選択肢が少なかった時代は、まず「認知」を得るだけで効果を発揮したことは確かです。ところが今日では様々な選択肢であふれかえり、ブランド名が認知されただけでは購入に至らなくなっています。それにもかかわらず「認知獲得さえできれば売れる」という「認知神話」が、いまだにマーケティングの基本と見なされているケースも多くあります。さらに、そのような間違った認識の下で、「売り上げが伸びないのは、認知が不足しているから」「売り上げを伸ばすには、認知を伸ばさなければならない」と、より認知神話の深みにはまる企業も少なくありません。

改めて考えてみましょう。本当に「認知だけを伸ばすこと」が大事なのでしょうか。人は「知っているから買う」わけではありません。そうではなく、知っている商品の中から「自分にとって最良の選択肢で、かつその代金を払ってでも買うべきと感じたもの」を選んで、買っているのです。

企業が認知至上主義にはまってしまうと、様々な問題に発展します。「認知されれば、予め定めたターゲット層以外にも商品を手に取ってもらえるのではないか」と期待し、とにかく広く認知を得るために多額の予算を投入するケースも見かけます。インパクトを重視した派手な演出のテレビCMを作り、CMは話題になったものの、肝心の商品の売り上げにほとんど貢献しなかった。こんな事例はよくあります。CMを見てもらうきっかけにユーモアや笑いの演出を取り入れても、その商品を購入すべき理由が伝わらなければ、商品CMの役割を果たしているとは言えません。それは、厳しい見方をすると、マーケティング予算で制作・オンエアした「エンターテインメントフィルム」になっているような状態です。

戦略上、ターゲット顧客外の人にも知ってもらうことが必要なケースも稀にありますが、多くの場合は、マーケティング費用の無駄使いとなってしまいます。

広告宣伝において大切なのは、話題になる広告クリエイティブをつくり、やみくもにブランド名を認知させることではなく、いかに「買いたい」「使いたい」と思ってもらえるかです。多額の予算を使い、売り上げが伸びないといった「マーケティング予算の無駄使い」は避けたいところです。

マーケティングにおいて単なるブランド名称の認知ではなく、「選ばれるために必要な情報の認知」が重要な理由をより分かりやすくお伝えするため、ここからは「認知」を、「無効認知」と「有効認知」の2つに分類して説明していきます。

「無効認知」とは、ブランド名や商品名は知っているが購入意向の喚起がされない認知のことを指します。ブランド名や商品名をただ連呼するテレビCMを想像してもらうと分かりやすいでしょう。これはブランド名称の認知獲得には有効ですが、「見たことがある」「聞いたことがある」程度で終わってしまうため、売り上げには直結しないことが多いです。

一方「有効認知」は、その商品やサービスを購入する動機を喚起させる情報とセットになった認知のこと。売り上げ向上に寄与する認知、すなわち意味のある認知を指します。

なぜ「無効認知」と「有効認知」に分けて考える必要があるのか。例えば、消費財メーカーがマーケティング戦略を立てるとします。よく見かけるのは、認知度調査の結果を受けて、「認知度を今よりも倍にしよう」と、認知度をＫＰＩ（重要業績評価指標）に設定するケースです。設定したＫＰＩを達成しようと必死に頑張って広告予算を投下するので、確かに認知度は上がるかもしれません。

しかし残念なことに、それが「無効認知」であれば認知というＫＰＩは達成できても売り上げが十分に伸びないという事態になります。人は「知っている」だけではなく、「欲しい、買いたい」と思ったときに購入するからです。いくら認知が向上したとしても、買いたいと思うかどうかとは別の話なのです。

「認知を得てから、売り上げにつながるまでにはタイムラグがある」。そのような主張を聞いたこともあるかもしれません。ですが、これは購入サイクルが長い一部の商材を除けば、売り上げにつながらなかった理由を正当化するための言い訳に過ぎません。厳しい言い方をすれば、その施策で獲得したのは「無効認知」だったということでしょう。

ここまで説明してきたのが多くの企業が陥っている「認知神話」の実態です。「有効認知」を得るには、そもそも自社は顧客にどんな価値を訴求すべきかを理解すべきです。言い換えると、顧客に選ばれ続ける理由を知ることです。その理解がないままアプローチしても、「知っているけれどいらない」「お金を出してまで買う理由がない」「商品・サービスへの興味はない」といった無効認知で終わってしまいます。

(5)「ブランディング」の誤解

ブランディングは、その言葉の抽象性ゆえに、誤解を招きやすいテーマです。「ブランディングは短期で成果が出にくく、長期目線の継続した取り組みが必要です」など、短期的な成果との関連がうやむやにされるケースも散見されます。すぐに成果が見えなかった時の逃げ口上として、「これはブランディングだから」と持ち出されるのも常です。

「ブランディング」だと言って、著名なクリエイターやデザイナーを起用して自分たちの商品や広告をかっこよく見せようとしたり、憧れを持ってもらえるようにそれまでのイメージを刷新し高級感を出したりという光景もよく見かけます。しかしこれは大きな誤解です。ブランディングの目的は見た目をおしゃれにすることではなく、顧客に、そのブランドを選びたくなる理由を認識してもらうことで、選ばれ続ける状態をつくることにあります。

ここでも一つ例を挙げてみましょう。生活必需品を扱っていたC社が社内で次の一手について議論していると、「ブランディングが必要だ」という声が挙がり、先進的なデザイン企業とのプロジェクトが始まりました。

出来上がったクリエイティブは申し分のない完成度で、デザイン企業が得意とする先進的でスタイリッシュなブランドコミュニケーションが展開されました。ところが多くの顧客からは、「自分にとって必要なものではなく、もっと裕福な人向けの商品だろう」という認識を持たれてしまいました。ブランディングによって、顧客の購入意向を高めるどころか、逆に顧客の購入意向を下げてしまう事態になってしまったのです。

ブランディングの本質を捉えるには、「（1）顧客は誰か」「（2）顧客のインサイトは何か」「（3）顧客に選ばれ続けるために必要な要件は何か」、この3つの観点からブランド戦略を策定していくことが大切です。

ブランディングのプロジェクトは、企業の上層部が言い出したなど、企業起点のプロジェクトというケースも少なくありません。そのような場合、顧客視点ではなく、上層部の個人的な意見を起点に価値定義され、さらに意思決定されると、前述した例のように、顧客のニーズからはかけ離れたものができがちです。

もし、あなたの会社が似たような状況にあるならば、要注意です。多大なお金をかけてつくった新ブランドが、見た目をスタイリッシュにしただけで、顧客にとって「なんの意味もないもの」「企業側の自己満足」になっている可能性があるからです。

ブランディングは、ファッションやラグジュアリーブランドなどが参考にされがちです。見た目をかっこよくすることや、憧れ感を醸成することがブランディングであると、誤った認識を持たれているケースが多いからです。しかしそれはブランディングの本質ではありません。例えばドン・キホーテやニトリ、ダイソーには、名称を聞いたときに思い浮かぶ特徴や価値があると思います。それらの特徴や価値が、店舗に行きたくなる理由をつくりあげています。つまりブランディングとは、高級感を演出することなどではなく、自社の商品やサービスを買いたくなる理由を顧客に認識してもらい、その認識を継続的に強化することなのです。そう捉えると、どのようなカテゴリーの商品やサービスでも活用できる考え方と言えます。

そもそもブランディングは、マーケティングの手段の一つであり、多くの場合、最終的には売り上げや利益を伸ばす目的で行います。特定の商品やサービスを選びたくなる理由を顧客に認識してもらうために、訴求内容に一貫性を持たせて顧客の認識に戦略的な要素を蓄積する必要があります。そうすることで、たとえ広告費を減らしても、「これこそが自分が選びたいブランドである」と自律的に売れ続ける状態をつくり出します。これが本来ブランディングによって得られるべき成果です。

ブランド戦略の策定とは、「顧客から選ばれ続ける理由」を明確に定義する作業に他なりません。要件（選ばれ続ける理由）を定義したら、それに従って商品やサービスを通じて価値を提供したり、広告宣伝によって価値を伝達したりすることが本質的なブランディング活動です。

そのようにしっかりと必要な活動を定義できていれば、ブランド戦略で定めた要素が適切に顧客に伝わったか。伝わった顧客に関しては、購入意向を高められたか。実際に購入は発生したのか。商品やサービスの利用後に、事前期待を超える体験を与えられたかといった観点から定量的に評価ができます。「ブランディングは捉えどころのないもの」「短期的に評価できないもの」と思っているかもしれませんが、決してそんなことはないのです。

ブランディング活動においてもう一つ重要なことは、会社やチームが自社のブランド要件の共通理解を持つことです。特に大企業の場合は、一つの商品やサービスであっても様々な部署が連携しているため、関わる人数が多くなるものです。部署をまたいで協働することも多々あります。自社のブランド要件の共通理解がないと、それぞれの部署の活動がブランドとして一貫性を欠いたものになり、顧客のブランド認識にも影響が及びます。

ブランド要件を共通言語化し、社内で共有する仕組みを持てば、そうしたぶれを解消でき、ブランド構築・強化に向けた一貫性を担保できます。社内にその仕組みを持てるとブランディング活動にも一貫性が生まれ、効果的なブランド構築・強化が実現されます。そうすれば、競争優位性を持った強固なブランドを構築できるでしょう。

企業ブランディングの場合、ミッションやビジョン、行動指針を定めるケースもありますが、それらは主に社員や採用強化のためにあるもの。顧客への提供価値など、対外的なブランドコミュニケーションとは異なると理解しましょう。体外的なブランドコミュニケーションは、顧客など、社外のステークホルダーのインサイト理解に基づいて、別立てで設計する必要があります。

ブランディングとは、自社の強みに立脚した、顧客が魅力的に感じる価値の認識を顧客の頭の中に蓄積し、強化し続けていくこと。顧客に選ばれ続ける理由こそが、ブランド戦略の核となります。

誤解から見えた、本質的なマーケティングを実践するために必要なフレームワーク

100社以上を支援してきた経験から、このような「マーケティングに対する誤解」が多く存在し、本質的なマーケティングの妨げになっていることに気付きました。

持続的な売り上げ成長をもたらす最強のブランドをつくるために、どうしたらより多くの企業が本質的なマーケティングを実践できるようになるのか。どのようなフレームワークがあれば、より多くの企業で、持続的に売り上げを伸ばせるブランドを再現性高くつくることができるのか。そのような思いから、このUAVフレームワークは誕生しています。

強いブランドには、顧客がその商品やサービスを買い続けたくなる理由となる価値があります。それが他社から模倣されにくい独自の強みに立脚したものであれば、そのブランドは選ばれ続けます。マーケティングで重要なのは、自社の強みに立脚した顧客にとって魅力的な価値（UAV）を開発すること。そして、その価値を商品やサービスで

具現化し、その価値が正しく認識される認知（有効認知）をつくることです。

次章からは、いよいよUAVの詳細をお話していきます。

第3章

UAVがあると、なぜ「最強ブランド」になれるのか

「最強ブランド」をつくるマーケティングフレームワーク

UAVマーケティングは、大企業からスタートアップまで多くの企業で開発でき、かつ実行に落とし込んでいける汎用性の高いマーケティングフレームワークです。ここからはUAVマーケティングの中核を成す、UAVという考え方について説明していきます。

UAVとは「何か」

UAVとは、ユニーク・アトラクティブ・バリューの略で、直訳すると、「独自の魅力を持った価値」となります。顧客が「自社のブランドを選び続けたくなる理由」であり、「最強ブランド」をつくるための鍵です。

「顧客に選ばれ続ける」とは、顧客が数あるブランドの中から「これを買いたい」と、明確に思っている状況と言えます。つまりUAVがあると、顧客から選ばれ続けるようになるので、持続的な売り上げ成長につながるというわけです。

これまで100社以上の企業を支援し、「当社の商品（またはサービス）の優位性は、○○である。この優位性を核にして販売を強化したい」といった企業目線の価値が主張されるケースをよく目にしてきました。しかし、企業目線で価値を打ち出す場合、本当に顧客が求めている価値との間に差が生じることは少なくありません。

UAVという言葉をつくったのは、商品やサービスの優位性を企業目線で定義するのではなく、購入の意思決定を行う顧客の目線で定義する必要があるという点を明確に伝えるためです。企業目線でのセリングポイント（売りにしたい点）ではなく、顧客が魅了される価値でないと、顧客に選んでもらうことはできません。

UAVを開発し、施策に反映すると、自社の強みに立脚していることにより、競合他社による模倣を回避できるようになります。そうなると、その価値は、中長期にわたって「顧客に選ばれ続ける」効果を発揮し、持続的な売り上げ成長を可能にします。本書では、そのような状態を「構造的優位性がある」と定義します。

UAVマーケティングは、自社にとってのUAVを開発するプロセスと、開発したUAVを商品・サービス、販路、価格、広告・販促といったマーケティングの諸活動に反

■UAVとは

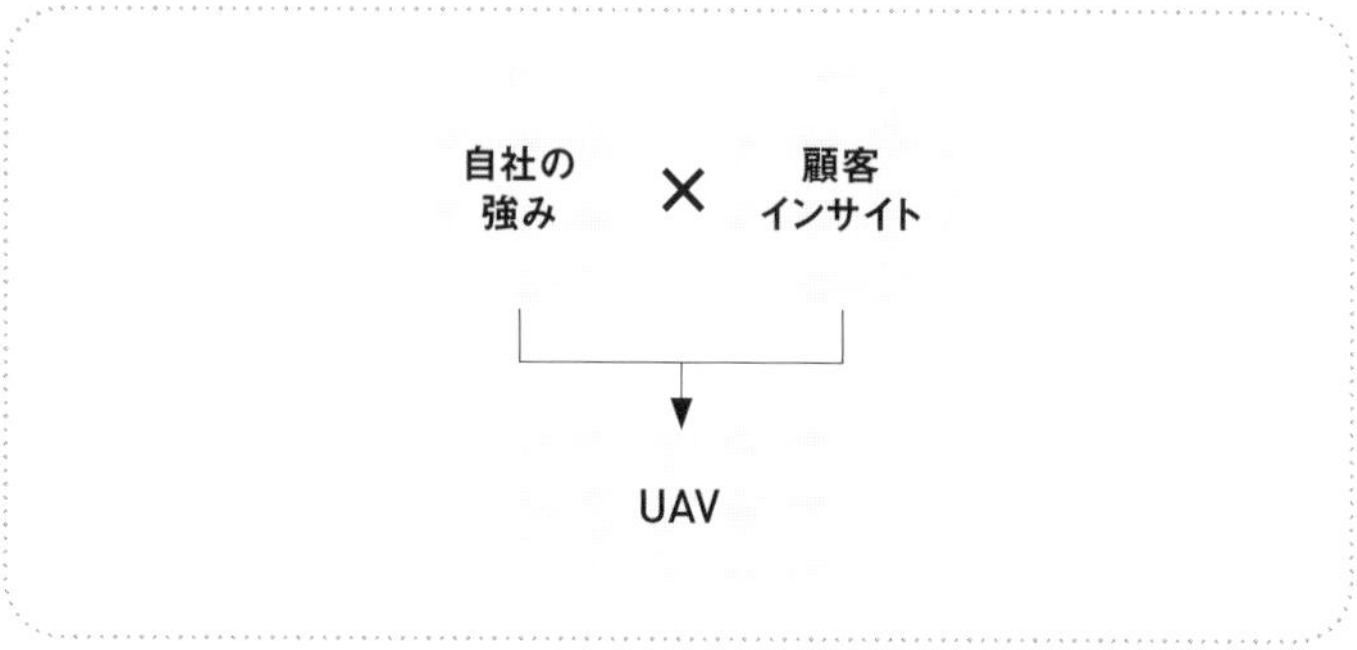

「他社に模倣されにくい自社の強み」と「顧客インサイト」の掛け合わせから見いだされた構造的な優位性が、「顧客に選ばれ続ける価値（UAV）」となる。UAVマーケティングは、顧客に選ばれ続けることを戦略から施策まで突き詰めて実践するフレームワーク

映していくプロセスの2つに分けて進めていきます。この2つのプロセスを継続的に行うことが、顧客に選ばれ続ける最強ブランドづくりの鍵となります。

UAVをつくるために必要な要件は、（1）自社の強みに立脚しているか、（2）顧客のインサイトに応えているか、の2つです。そしてこの2つの要件を掛け合わせることで、競合に模倣されにくい構造的優位性を持ったUAVを開発します。

端的に言えば、他に代替するものがなく、顧客が「買いたい」と価値を見いだしているものがUAVなのです。私がP&G時代に担当していたSK-IIは、模範例かもしれません。SK-IIは、世界12の国・地域で展開（2023年時点）されているグローバルスキンケアブランドで、「ピテラ」という独自成分に最大の特徴があります。ピテラは、酒蔵で働く職人「杜氏《とうじ》」の美しい手肌にヒントを得て、酵母研究を始めたことから発見された天然由来の美容成分です。この成分を生かした化粧水、乳液、美容液、クリームなどを展開しています。

SK－Ⅱにおける強みは、まさにこのピテラにあります。その強みを構成する、ピテラの働きを科学的に検証する皮膚科学研究と、エイジングサインへのアプローチやクリアな素肌に導く効果に、「年齢を重ねても、透明感のある美しい肌を維持したい」という顧客インサイトを掛け合わせると、「唯一無二の成分ピテラで、いつまでも透明感のあるクリアな素肌へ」というSK－ⅡのUAVが見いだされます。このUAVをマーケティングの核に据えることで、顧客は魅了されて、他のスキンケアブランドへ移行しにくくなります。これは、構造的な優位性を築いている分かりやすいケースです。

「ユニクロ」「IKEA」「ダイソン」が選ばれ続けるのはなぜか

自社の強みに立脚して顧客にオンリーワンの価値を提供する例として、ファッションの「ユニクロ」、家具の「IKEA（イケア）」、家電メーカーの「ダイソン」を挙げることができます。この3社はUAVを持つことで、持続的な事業成長を実現している事例として読み解くことができます。

これらのブランドはどのような強みで、顧客に選ばれ続けるブランドを築き上げてきたのか。あくまで第三者としての見解になりますが、3つの強いブランドをUAVという観点からひもといてきましょう。

UAVからひもとく「ユニクロの強み」

かつてファッション業界は、百貨店やショッピングモールで売られているようなデザイン性の好みで分かれる高品質なブランド品か、総合スーパーなどで売られる価格重視のノーブランド品が中心でした。そんな中、「誰もが日々使える高機能・高品質なカジュアルウエア」という第3の選択肢を示し、新たな市場を開拓したのがユニクロです。

この市場創造の端緒となった顧客インサイトは、「品質が高い服は、値段が高いからなかなか買えない。でも低価格の商品は、品質が劣るので着たくない」と想定できます。これに対しユニクロは、「世界中の誰もが毎日着られる品質の高いカジュアルウエア」に照準を定めることでターゲット顧客を大幅に広げてきました。

ユニクロはSPA（製造小売業。商品の企画から生産、販売までの機能を垂直統合したビジネスモデル）を採用しているため、製造から販売まですべて自社の管轄で行えます。サプライチェーンにおける強さが、同社の成長を支えています。

また、素材メーカーとのパートナーシップにより、ヒートテックやエアリズムに代表される高機能素材の開発からモノ作りを行う点にも特長があります。そしてこれをグローバルで展開することでスケールメリットを生み出し、コストの低減を図っています。この掛け合わせは、ユニクロならではの強みと言えるでしょう。

顧客インサイトに、ユニクロならではの強みを掛け合わせることで「機能性が高く、高品質なカジュアルウエアを手ごろな価格で販売する」という価値（ＵＡＶ）を提供し、ユニクロは、顧客に選ばれ続ける最強ブランドとなっているのです。顧客インサイトを理解すると同時に、ＳＰＡモデルや素材メーカーとのパートナーシップといった自社の取り組みから、強いＵＡＶを築いてる事例と読み解けるでしょう。

・**顧客インサイト**：品質や機能性が高い服は、値段が高いからなかなか買えない。一方で、低価格の服は、品質や機能性で劣るから着たくない
・**強み**：ＳＰＡモデルによるサプライチェーンの強さ×素材メーカーとのパートナーシップ×グローバルスケールによるコスト低減
➡**ＵＡＶ**：機能性が高く、品質の高いカジュアルウエアが、適正／手ごろな価格で買える

ＵＡＶからひもとく「ＩＫＥＡの強み」

ＩＫＥＡ（イケア）は１９４３年、スウェーデンの実業家イングヴァル・カンプラード氏が17歳の時に立ち上げたブランドです。62の国と地域で展開（２０２３年時点）されており、日本では02年にイケア・ジャパンを設立。06年に、千葉・船橋に１号店となる「ＩＫＥＡ船橋」（現IKEA Tokyo-Bay）を開業しました。

かつては、品質が良くおしゃれな家具は値段がとても高いという認識が一般的でした。それに対し、「自宅をすてきな空間にしたいけれど、なるべくコストは抑えたい。でも手ごろな価格の家具は、おしゃれではないから嫌だ」というインサイトを捉えたのがＩＫＥＡの事例と読み解くことができます。

ＩＫＥＡは、デザイン性が高い家具は値が張るものという常識をくつがえし、リーズナブルでありながら、日常生活において機能性とデザイン性を備えた、北欧発のおしゃれな家具を販売して、支持を広げることに成功しました。

また、ユニクロと同じくＳＰＡを採用し、製造から販売までサプライチェーンにおける一連の工程を自社で担う体制を敷くのもＩＫＥＡの特長です。北欧発のモノ作りにこだわり、本社で一括して企画と開発を行っています。

そして、「デモクラティックデザイン」と呼ばれる、同社独自の指針で、デザイン、機能性、サステナビリティー（持続可能性）、品質、低価格の5つの価値を担保しています。また、家具の多くにセルフ組み立て方式を採用することで、低価格を実現。多くの顧客にとって手が届きやすくなりました。このように価値が高い商品を低価格で販売することで、顧客の購入意向を高める工夫を行っています。

これらを背景としてＩＫＥＡは、「自宅がおしゃれで快適になる北欧発家具を、リーズナブルな価格で買える」という価値を具現化。家具業界において、独自の価値創造を実現しています。

・**顧客インサイト**：自宅をおしゃれで快適な空間にしたいが、デザイン性や機能性が高い家具は値段が高くて手が出ない
・**強み**：北欧家具のおしゃれなデザイン×機能性の高さ×セルフ組み立て式によるコスト低減
⬇UAV：自宅がおしゃれで快適になる北欧家具を、リーズナブルな価格で買える

UAVからひもとく「ダイソンの強み」

最後にプレミアムブランドの事例です。ダイソンは1993年、エンジニアであるジェームズ・ダイソン氏が創業しました。一躍知られることになったサイクロン掃除機をはじめ、中心部分が穴になっている「羽根のない扇風機」や「ヘアドライヤー」といった、同社の独自技術を基にした革新的な商品を市場に送り出しています。

ダイソンの「羽根のない扇風機」は、高い機能性と優れたデザインで知られる商品です。通常の扇風機は羽が回ることで風を送り出す仕組みですが、そうした扇風機は、小さい子どもやペットがいる家庭は、怪我や事故を招く可能性もあります。また、扇風機の多くは旧来の画一的なデザインで、インテリアとしてデザイン性が低いと感じていた人もいるかもしれません。

「扇風機は、羽が回っていて危ないし、怪我をしたり事故が起きたりしないか不安。しかも見た目が洗練されていない」。そういった扇風機に対しての顧客インサイトを捉えたのが、ダイソンの「羽根のない扇風機」です。

ダイソンは独自技術による優れた送風性と、スタイリッシュなデザインの他社にはない商品を世に送り出し、「羽がない扇風機なので、安心。しかも見た目もすっきりしていておしゃれ」という選ばれ続ける価値を提供しています。

ヘアドライヤーの事例も見てみましょう。ダイソンの顧客層は、可処分所得に一定の余裕があり、時間の重要度が高い層と想定されます。そのような顧客層が抱える困りごととして考えられるのは、「(長い)髪を乾かすのは、時間がかかる。毎日のことだからなるべく素早く済ませたい。でも、美容室で使わているようなプロ仕様のドライヤーは大きくて重そうだから、普段使いには向いてなさそう」ということです。

同社は羽根のない扇風機と同様の送風機構が内部に収められ、とにかく速く乾くことを強みとしたヘアドライヤーを開発。髪を早く乾かせるだけでなく、他のヘアドライヤーにはない洗練されたデザインも特長とします。これらの複合的な要素から、安価なドライヤーの10倍以上する価格でも、顧客から選ばれる商品となっています。

このヘアドライヤーは、先行して発売していた羽根のない扇風機と同様の独自技術や高いデザイン性を踏襲しています。このように、すでに多くの支持を集めている独自の技術力やデザイン力を顧客の価値とつなげて他の商品にも横展開をすることで、ダイソンのUAVが顧客の認識の中で強化され、他社が簡単に模倣できない強いブランドをつくり上げています。

①「羽根のない扇風機」の事例

・**顧客インサイト**：扇風機は羽が回っていて危ないし、怖い。かつ見た目が洗練されていないから、部屋に置いておくのが嫌

・**強み**：独自の優れた送風技術×優れたデザイン性

⬇**UAV**：羽がない扇風機なので、安心。見た目もすっきりしていておしゃれ

②「ヘアドライヤー」の事例

・**顧客インサイト**：（長い）髪を乾かすのは、時間がかかる。毎日のことだから、素早く済ませたい

・**強み**：「羽根のない扇風機」と同様の送風機構×優れたデザイン性

⬇**UAV**：髪を早く乾かせるから、毎日の生活が楽に。軽くてスタイリッシュ

BtoBもBtoCも、UAVが求められる理由

ここまで事例を交えながらUAVとは何かについて説明してきましたが、改めて今なぜUAVマーケティングが求められているのかを考えます。その手がかりとして、我々の支援先から寄せられる悩みの声を紹介します。

「高い技術力を売りに商品を開発し、ビジネスを成長させてきたが、近ごろ成長が鈍化してきている。次の一手を考えたいが、顧客が何を求めているのかが分からない」

「社内における意思決定が、影響力の大きい特定の個人（創業者や経営陣）の感覚に依存しており、商品開発や広告宣伝の企画が昨今の顧客ニーズに即していない。そのためヒット率が下がっている」

「販路拡大に向けたノウハウと自信はあるが、顧客インサイトを捉え、顧客の需要を生み出す商品を作るノウハウがない」

「デジタルマーケティングで、需要が顕在化した顧客層の新規獲得はうまくいっているが、さらなる成長のために需要自体を喚起していきたい。でも、やり方が分からない」

これらの悩みに共通して見えてくるのは「自社が顧客から選ばれ続ける価値」、つまりUAVに気付いていないために起こる機会損失です。

日本の多くの大企業は、高い技術力を生かしたモノ作りにたけていることから、それらの優位性を生かし、品質の高い商品を市場に生み出して事業を成長させてきました。そのため、プロダクトアウト（顧客のニーズ起点ではなく、技術やアイデアを起点に商品やサービスを開発・販売すること）の習慣が根付いているケースが多くあります。高い技術力によって数々のイノベーションや成功を収めてきたことで、結果的に顧客のインサイトを理解しながらの商品作りではなく、技術起点での商品作りが習慣になっているのです。カテゴリーが成熟し、技術力の発展に一定の限界や他社との同質化が起こってきた今、顧客が数ある選択肢の中から、自社の商品を選び続ける理由がないという状況も生み出しています。

一方、IT系の企業に多く見られるのは、データ重視のマーケティングのアプローチです。これは、実際のマーケットから得られたデータを使っているという意味では、マーケットイン（顧客のニーズを理解して商品を開発するなど、顧客が求めている商品を市場に出すこと）型のアプローチとも言え、データを基にPDCA（計画、実行、評価、改善）を回すことで、施策の精度を高めることはできるでしょう。ただし数値データだけでは、顧客の行動の原因となる意思決定要因や感情といったインサイトを正確に捉えることはできません。それによって、事業成長の壁にぶつかっている企業も多く存在します。

一定の売り上げ規模に達している企業であれば、業種業界に関係なく、必ず自社の商品やサービスが顧客から選ばれ続ける理由があります。そのような企業は、現在売り上げ成長が鈍化していても、自社の強みと顧客インサイトからＵＡＶを開発し、施策に取り入れることで、事業を再成長させることができます。また、ＩＴ系の企業や、デジタルを中心としたマーケティングを行う企業でも、顧客のインサイトを理解することで、顧客に選ばれ続ける価値（ＵＡＶ）を見いだすことができます。

その際、どの顧客の声に耳を傾けるべきかはビジネスの種類によっても異なります。まずＢｔｏＣ（企業対消費者）では、購入者がなぜその商品・サービスを選んだのか、という視点が重要です。

ＢｔｏＢ（企業間）は、プロジェクト推進者、意思決定に影響を与える人、最終決裁者など意思決定に至る過程で複数人が関わるのがポイントです。役職が異なると視点や意思決定要因も異なるので、それぞれのインサイトを押さえる必要があります。個人の興味関心や嗜好性で、感覚的に購買の意思決定がされることが多いＢｔｏＣと異なり、その商品やサービスを導入する必要性や、複数の選択肢の中から最良と裏付けられる理由について、より合理的な判断が求められます。

ＢｔｏＢｔｏＣ（企業対企業対消費者）は、取引先であるパートナー企業と、その先にいる顧客（最終消費者）と2つのターゲットに対してビジネスを展開するため、取引先が合理的に求めることと、最終消費者の感覚的な意思決定要因の両方を捉えることが重要です。このように、ビジネスの種類によって見るべき顧客と数、および意思決定のタイプが異なる点を押さえておくとよいでしょう。

UAV＝「最強ブランド」につながる5つの理由

ここからはUAVを基につくられたブランドが、なぜ最強と言えるのか。UAVマーケティングを実践すると、どのような変化が起きるのかを見ていきます。

UAVは、目先の売り上げを伸ばすためのアプローチではなく、顧客に選ばれ続ける価値づくりをとことん突き詰めて生まれたマーケティングフレームワークです。競合他社が模倣しにくい構造的優位性を生み出すことにより、独自性の高いブランドを構築し、持続的な売り上げ成長を実現します。

UAVは、顧客とのコミュニケーションの核となる役割を果たします。一貫したメッセージの発信を通じて、「このような便益や特徴を持った商品・サービスといえば○○」という認識を顧客の頭の中に形成します。そうして、商品やサービスが売れ続ける状態をつくるのです。

これらを踏まえUAVを基につくられたブランドが顧客に選ばれ続ける最強ブランドとなる理由として、次の5つが挙げられます。

(1)UAVは顧客インサイトに応えているため、顧客が自発的に買いたい購入意向の高いブランドになる
(2)UAVは自社の強みに立脚した構造的優位性を持つことから、競合他社から模倣されにくく、持続的な売り上げ成長が期待できるブランドとなる
(3)UAVがコミュニケーションの核となり一貫性が生まれることで、顧客へのブランド認識を強化し続けられる
(4)UAVは、LTV(顧客生涯価値)が高い理想的な顧客を獲得しやすくするため、投資対効果が上がり、収益性の高いブランドを構築できる
(5)UAVが社内の共通言語となるため、組織が一体となり、商品開発から販路開拓、広告宣伝まで求心力を持って行えることで最強のブランドをつくれる

右の5つの理由に照らし合わせて、UAVがあるとなぜ最強ブランドになるのか、さらに詳しく解説していきます。

理由1 顧客に選ばれる購入意向の高いブランドになる

本書の冒頭でもお伝えしたように、我々が支援する企業の多くは、明確な事業成長を実現しています。事業成長を促進できている理由は、それぞれのブランドのＵＡＶを開発できたからです。

ＢｔｏＢ事業であれ、ＢｔｏＣ事業であれ、当然のことながら、購入の最終的な意思決定を行うのは顧客です。そうである以上、売り手である企業は、顧客が「お金を払ってでも欲しい」と思う価値を提供する必要があります。さらに、どうしたら一度だけではなく、繰り返し「買いたい」「使いたい」と思ってもらえるか。顧客のインサイトと、購入の意思決定要因を解き明かし、そこから逆算して戦略と施策を組み立てていくところに、ＵＡＶマーケティングの核心があります。

つまりＵＡＶマーケティングを取り入れることで、顧客にとっては、お金を払ってでも解消したい悩みやニーズに応えてくれるなら、そのブランドの商品・サービスを買ってみたい、使ってみたいと思い、その内容が満足するものであれば、買い続けたい、使い続けたいとなるわけです。

■顧客視点に立てば、マーケティングのアプローチも マーケットイン型へと変化していく

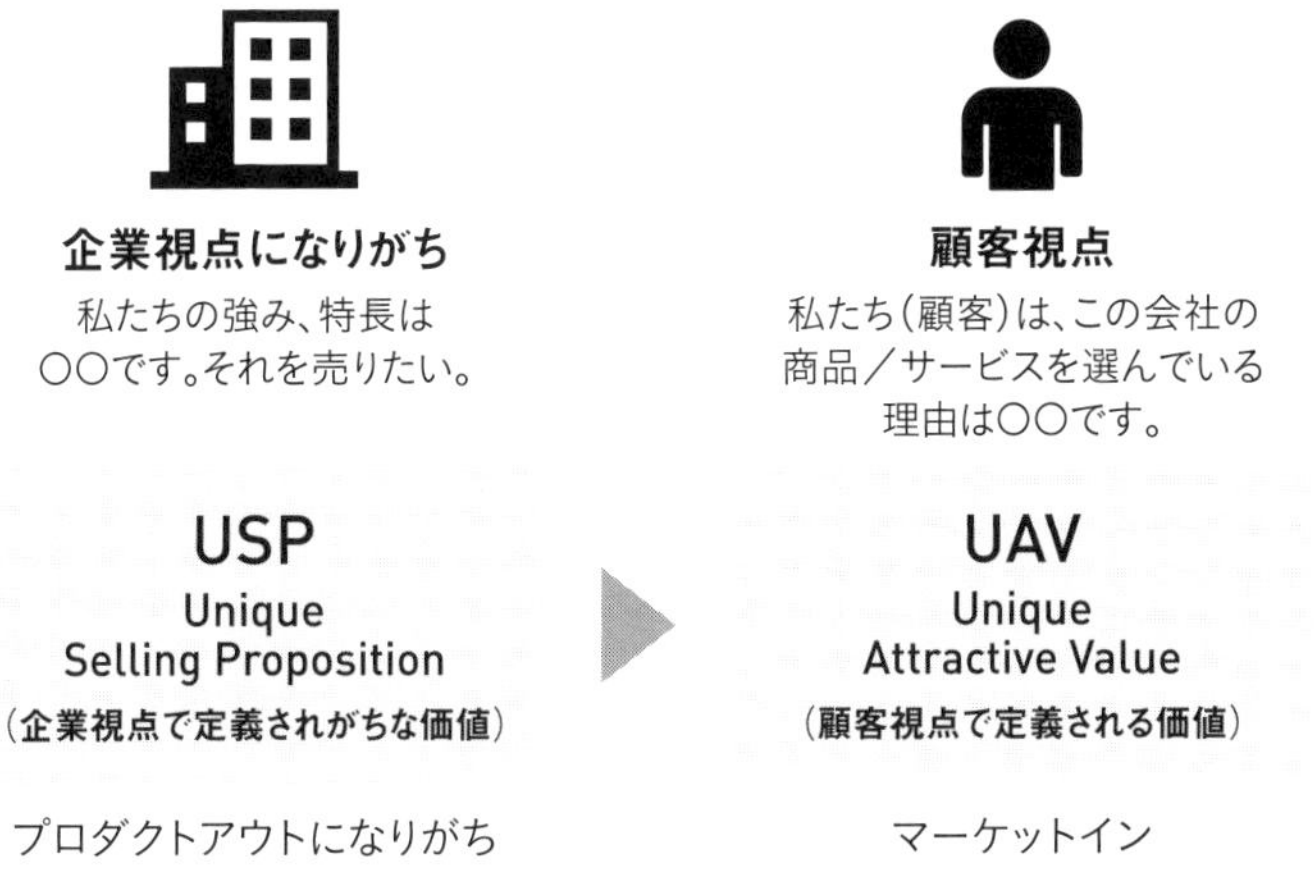
企業視点になりがち
私たちの強み、特長は
○○です。それを売りたい。
顧客視点
私たち（顧客）は、この会社の
商品／サービスを選んでいる
理由は○○です。
USP
Unique
Selling Proposition
（企業視点で定義されがちな価値）
UAV
Unique
Attractive Value
（顧客視点で定義される価値）
プロダクトアウトになりがち
マーケットイン

こうしたアプローチが可能になるのは、UAVが企業側の「こだわり」や「売り込みたいこと」を価値の起点としていないからです。「顧客が選ぶ理由」、つまり「顧客視点での価値」を、価値設計の起点とし、商品企画や広告展開をしているからこそ、顧客はそのブランドの商品やサービスを買いたい・買い続けたいとなるのです。

企業視点だと、「企業が売り込みたいポイント」が訴求のメインになってしまうため、プロダクトアウト型のマーケティング手法になることでしょう。

一例として「USP」を挙げることができます。USPは一般的に使われるこ

とが多いマーケティング用語ですが、「Unique Selling Proposition」の頭文字を取っている通り、「〝Selling〟（売り）による価値」を定義としているので、「私たちの売りは○○です」と企業視点の発想を基にした議論になりがちです。

一方UAVマーケティングは、自社が顧客に選ばれている理由（UAV）を見いだし、それを訴求のメインにするので、マーケットイン型のマーケティング手法になります。

顧客から選ばれ続けるためには、顧客の意思決定要因をしっかり捉え、顧客視点で「これは私が欲しい商品だ」「私はこれを買いたい」と思ってもらえる価値を、継続的に提供・訴求していく必要があります。

一つ架空のケースで考えてみます。とあるクルマメーカーは、自社の強みが、優れたエンジンやボディーの耐久性、また、それらを開発する技術者（メカニック）にあると考え、売りにしていました。しかし実際に顧客調査をしてみると、そのクルマの利用者は、子どもの習い事の送迎時などで運転するママであることが多く、「運転に苦手意識があるママでも運転しやすく、しかも、安全」「子供が後部座席でスナックやおにぎりを食べた後の食べかすを、さっとひと拭きで掃除できる」点が評価されていることが分かりました。

■USPとUAVそれぞれを基にした場合の「価値づくり」の違い

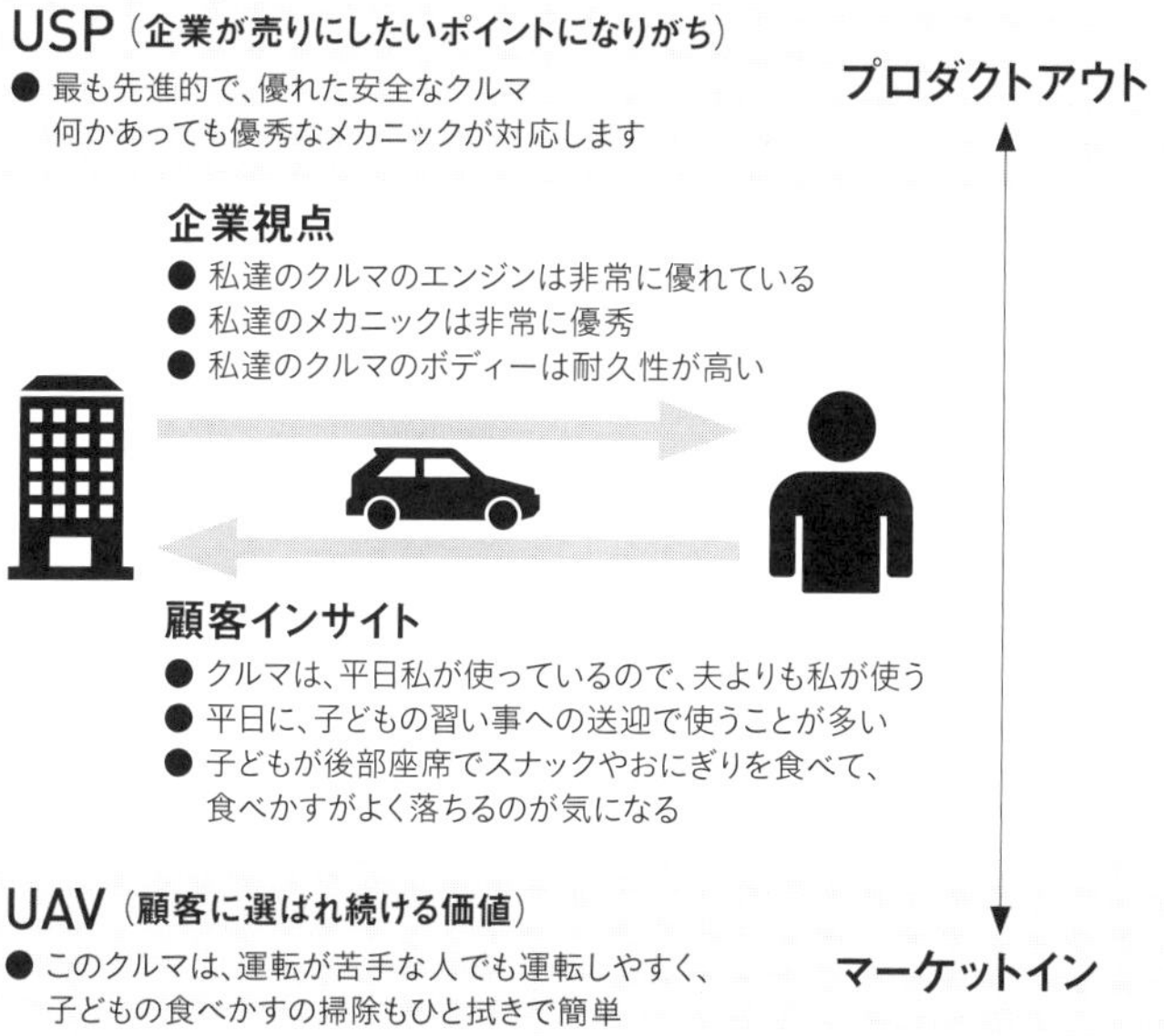
USP（企業が売りにしたいポイントになりがち）
● 最も先進的で、優れた安全なクルマ
何かあっても優秀なメカニックが対応します
プロダクトアウト
企業視点
● 私達のクルマのエンジンは非常に優れている
● 私達のメカニックは非常に優秀
● 私達のクルマのボディーは耐久性が高い
顧客インサイト
● クルマは、平日私が使っているので、夫よりも私が使う
● 平日に、子どもの習い事への送迎で使うことが多い
● 子どもが後部座席でスナックやおにぎりを食べて、
食べかすがよく落ちるのが気になる
UAV（顧客に選ばれ続ける価値）
● このクルマは、運転が苦手な人でも運転しやすく、
子どもの食べかすの掃除もひと拭きで簡単
マーケットイン

つまり、このクルマのUAVのヒントは「優れたエンジンやボディーの耐久性」ではなく、「運転が苦手な人にとっても運転しやすく、座席の掃除が簡単」という点だったのです。

　もちろん優れたエンジンや耐久性を開発できる力があるからこそ「運転が苦手な人でも安心して乗れる」という結果になるのですが、注目すべきは、選ばれる理由が、企業が強みとして感じていた「優れたエンジンやボディーの耐久性」ではないということです。顧客が価値だと感じているのは、運転が得意ではない人をサポートする技術や安全性、小さな子どもを持つ家庭にとっての使いやすさにこだわった素材や仕様だった。この違いが重要なポイントです。

このように顧客インサイトに基づいた顧客が買い続けたいと思う理由を、自社の強みを生かす形で継続的に強化していくと、顧客はその商品やサービスを選び続けるようになります。なぜならその商品やサービスには、顧客に選ばれ続ける理由が明確に存在するので、顧客にとって〝オンリーワン〟のブランドとして認識され、他の商品やサービスに目移りしにくくなるからです。

理由2 持続的な売り上げ成長が期待できるブランドになる

理由1の事例で解説したように、自社の強みと顧客インサイトの掛け合わせから、UAVはつくられます。前述したクルマメーカーの例では、顧客自身が「価値」だと感じている、運転が得意ではない自分をサポートしてくれる技術や安全性、小さな子どもを持つ家庭にとって使いやすい仕様は、間違いなくそのブランドを「選ぶ理由」となります。

価値は、強みとなりえる「要素の掛け算」により、強化することもできます。クルマメーカーの例であれば、運転サポートの最先端技術・安全性を高める構造設計力や機能に、優れた素材開発力を掛け合わせることで、選ばれ続ける理由が強化されます。その結果、持続的な売り上げ成長が期待できます。

ブランドの商品・サービスを買い続けてくれる、いわばブランドのファンである「ロイヤル顧客」が増えると、必然的にLTVが高まります。

さらに、ロイヤル顧客が求めるUAVは、同様に「高いLTVを見込める新規顧客」を獲得するためのUAVにもなりえるので、「潜在的なロイヤル顧客」の獲得に効果を発揮します。また、LTVが高いロイヤル顧客の獲得効率が上がることは、マーケティングの投資対効果の向上にもつながります。

実際に、当社が支援した企業の中には、顧客1人当たりのLTVが2年で約3倍に増え、新規顧客の獲得コストは従来の約2分の1に改善したというケースもあります。つまり投資対効果としては、6倍になっているということです。LTVが高い顧客を低いコストで獲得できるようになったことで、投資対効果の向上を実現しました。

UAVのアプローチは、やみくもに新規顧客数を増やすことで売り上げを伸ばそうという一般的なマーケティングとは一線を画すものです。一般的なマーケティングでよく見られるのは、「初回半額」など価格面での優位性を打ち出すことで、強引に新規顧客数を増やそうとするケースです。短期的には売り上げが伸びるかもしれませんが、収益性の悪化を招くリスクがあります。

なぜなら、いくら新規顧客が増えたとしても、値引きに引かれて購入した顧客は、その商品やサービスの本質的な価値以上に、その価格に魅力を感じて購入している可能性が高いからです。そのため、価格面で優位性のある別の商品やサービスを見つけたら、スイッチする可能性があります。

一時的に新規顧客を増やすことはできても、「一度買って終わり」の顧客ばかりとなってはLTVは低下し、投資対効果が悪化します。さらに顧客の入れ替わりが常態化することで顧客基盤が安定せず、離脱する顧客を埋めるために、継続的に価格プロモーションに頼るようになります。こうして、収益性が低下する悪循環に陥っていきます。

・**UAVマーケティング**：顧客に選ばれ続けることで、顧客基盤が安定する。また、LTVが高まることで、投資対効果が上がる。収益性が高い健全なマーケティングモデル

・**新規顧客獲得志向のマーケティング**：とにかく客数を増やすことで売り上げ向上を図るも、獲得した顧客の離脱が激しく、LTVが低下し、投資対効果も悪化しやすい。収益性が低くなるマーケティングモデル

両者を並べてみると、同じ「マーケティング」でも、その中身は似て非なるものということがお分かりいただけるでしょう。どちらのマーケティングに取り組むかで、中長期的に企業の競争力には大きな差が出てきます。

もう一つUAVマーケティングの特徴として挙げられるのは、競合との競争を減らすための有効なアプローチという点です。競争に勝つと言うと、競合と同じ土俵の中でのシェアを争うために、相対的な比較により自社がいかに競合より秀でているか訴求し合う。そんなイメージをする人もいるでしょう。しかしUAVマーケティングの考え方はシンプルで、集中すべきは「競合」ではなく「顧客」。「競合」と同じ土俵・同じ尺度で

直接的に争うことは理想としません。

同じ評価軸での競争を避けて、自社の強みと顧客インサイトを掛け合わせることで、自社が選ばれ続ける必然性を高めるので、独自性の高いポジションが強化されます。そうすると、自然と同じ評価軸で比較検討される競合が減っていきます。つまりUAVマーケティングは、競合と戦わずして勝てる構造をつくっていくアプローチなのです。自社ブランドが顧客にとってオンリーワンの選択肢となるので、持続的な売り上げ成長が期待できる強いブランドになるというわけです。

理由3 ブランドコミュニケーションに一貫性が生まれる

企業と顧客がつながる手段が多様化する昨今。多くの企業で、各タッチポイントにおける顧客とのコミュニケーションに一貫性がなく、ばらばらになっている問題が見られます。その例をいくつか挙げてみます。

- **マス広告とデジタル広告でのブランドメッセージの不一致**：マス広告では高級感を強

調している一方で、デジタル広告では高級感を損なうような割引キャンペーンを展開している。また、オウンドメディア、アーンドメディア（PR）、ペイドメディア（広告）で担当者やKPI（重要業績評価指標）が異なることから、訴求ポイントがばらばらになっている

・**オフラインチャネルと、オンラインチャネルでのプロモーションの不一致**：オフラインチャネルとオンラインチャネルで、同一の商品を販売しているにもかかわらず、訴求しているメッセージが異なっている

・**担当営業ごとに商材の訴求ポイントが違う**：同じ商材を営業しているが、担当者ごとに自己流で営業しているため、訴求内容がばらばらになっている

このような状況が生まれる原因は、自社の商品やサービスのUAVが明確に定義されていないことにあります。ブランドの核となる価値が明確でないため、同じ商品やサービスであっても、ブランドメッセージの一貫性を欠いてしまうのです。当然、カスタマージャーニー（顧客が商品を購入し利用、継続・再購入するまでの道のり）のステップを鑑みて、メディアやタッチポイントの役割ごとに、伝えるべき訴求ポイントを調整す

る必要はありますが、UAVを明確にしておくと、UAVを核にしながら最適化できるようになります。

UAVは、ブランドが展開する「コミュニケーションの中心地」となり、顧客が様々なタッチポイントで受け取るコミュニケーションに一貫性をもたらします。そのように一貫したブランドコミュニケーションが積み重なっていくことで、顧客の頭の中に、「このブランドだけが持つ価値は○○である」という認識を効果的・効率的に蓄積することができます。そのため、顧客に選ばれ続ける最強ブランドをつくる本質的なマーケティングが可能になるのです。

理由4 投資対効果が上がり、収益性の高いブランドになる

様々なタッチポイントで、ばらばらなメッセージを伝えていると、タッチポイント間での相乗効果が失われ、投資対効果が低下する事態を招きかねません。逆に、どのタッチポイントであっても、一貫した価値を伝えることで、タッチポイント間での相乗効果が生まれて投資対効果を高めていくことができます。

■「流入」と「購入」の改善・強化による広告効果へのインパクト

流入⬇　@CM/バナー

購入➡　@店舗/LP

	1.5x	2.0x	3.0x
1.5x	2.3x	3.0x	4.5x
2.0x	3.0x	4.0x	6.0x
3.0x	4.5x	6.0x	9.0x

さらに、顧客が選び続ける理由であるＵＡＶをテレビＣＭやＷｅｂ広告、そして店舗やＥＣサイトでのコミュニケーションに反映することで、「流入」と「購入」の両方を伸ばすことができます。ここで言う「流入」とは、広告を通じたＥＣサイトやランディングページ（ＬＰ）、もしくは店舗への集客力のことです。一方、「購入」は、ＥＣサイトやランディングページ、もしくは店舗での購入決定力を指します。

ＵＡＶを広告やＷｅｂサイト、ランディングページおよび店舗やＥＣサイトに反映していくと、集客力と購入決定力の両方が高まり、広告経由の売り上げを掛け算で伸ばすことができます。当社の支援先では、通常、戦略策定を3〜4カ月で行いますが、平均して2〜3倍、中には5〜10倍と大幅なマーケティングの投資対効果の向上を見せています。UAVを開発し、反映しているのといないのとでは、これだけの差が出てくることを知っておくとよいでしょう。

また、LTVが高い潜在ロイヤル顧客の獲得効率が高まるので、同じ投資額でも投資対効果が上がり、効果的なマーケティング投資を続けられるようになります。UAVの提供と訴求を積み重ねていくことで、中長期でブランドが強化され、事業の収益性や安定性にも大きな差が出てきます。

理由5　組織が一丸となってブランド構築できる

理由3で紹介したようなタッチポイントごとの発信にばらつきが生じる主たる要因は、自社の顧客のインサイトはどのようなものか、そのインサイトに対してどんな価値を提供・訴求するべきかが社内で意思統一されていないことにあります。

では、意思統一が図れない理由とは何か。それは「顧客のインサイト理解がなく、自社ブランドのUAVが分からない」状態にあることです。企業が顧客に価値を届けるには、自社ブランドに関わるすべての社員が、自社の顧客にとってどのような価値を提供しているのかの共通理解を持っていなくてはいけません。UAVを明確にできると、各部署が行うべきことや優先事項が何なのかの共通理解が生まれます。

組織全体で、UAVに対する共通理解が生まれると、広告宣伝部は「この商品にはUAVが反映されているからここを強調して宣伝しよう」と考えられるかもしれません。反対に、広告宣伝部が制作した広告に対して、商品開発部が「もう少しここを改善したら、よりUAVが際立ちそうです」などと、よりよい商品やサービスの開発や提供に向けての前向きな議論や行動が自然と促されるでしょう。当社の支援先からもよく、UAVの共通理解ができたことで、複数部門で商品やサービスにUAVを反映するにはどうしたらよいか、建設的に議論を進めることができるようになったと言われます。

世間を見渡すと、「高い技術力で生み出された商品なのに売れないのは、売り方に問題があるからだ」「広告宣伝をしても売れないのは、商品が悪いからだ」と、他部門に責任を押しつける議論に陥っているケースを見かけます。それはやはり組織全体で、自社の顧客や商品・サービスに対するUAVの共通理解がないことが問題の一因でしょう。UAVの共通理解があれば、UAVが商品に反映されているか、UAVが広告宣伝に反映されているかというUAVを起点にしたシンプルな議論になります。

会社の組織は、各部門がそれぞれ異なる機能や役割を担いながらも、多くの場合、「持続的な売り上げの向上と利益創出」を目的としています。そういった意味では、研究開発、生産・製造、営業部、マーケティング部など、どの部署であっても最終的に目指すところは同じはずです。

会社の目的を達成するために、獲得すべき顧客は誰で、その顧客が求めるUAVは何か。自社の顧客とUAVに関する共通理解が浸透すれば、商品開発部門から販促部門まで一貫して、UAVを前提とした取り組みが行われるようになります。そしてこれらの積み重ねが、「顧客に選ばれ続ける最強ブランド」づくりへとつながっていくのです。

第4章では、顧客に選ばれ続ける最強ブランドをつくるための「UAVの開発方法」を説明していきます。

スペシャル対談①

UAVは企業の存在価値
ファミマ流「UAV開発」3つのポイント

ファミリーマート エグゼクティブ・ディレクター CMO（最高マーケティング責任者）兼マーケティング事業本部長 CCRO（最高クリエイティブ責任者）兼デジタル本部長

足立 光氏

1968年生まれ。シュワルツコフ ヘンケルの社長・会長、日本マクドナルドの上級執行役員・マーケティング本部長、ナイアンティック シニアディレクターなどを経て、2020年10月にファミリーマートCMOに就任。I-ne社外取締役、ノバセル社外取締役、スマートニュースおよび生活協同組合コープさっぽろのマーケティング・アドバイザーも兼任

UAVはどの企業にもある

彌野泰弘氏（以下、彌野）　Ｂｌｏｏｍ＆Ｃｏ．では、お客様に商品やサービスを選び続けてもらうためには、顧客から見たその企業や商品の「ＵＡＶ（ユニーク・アトラクティブ・バリュー、顧客に選ばれ続ける価値）」が大事だと考えています。足立さんはこれまでの経験の中で、ＵＡＶをどのように捉えていますか？

足立光氏（以下、足立）　商品やサービスには、必ず何かしらの「価値」が存在しており、その価値があるからこそお客様に選ばれています。商品やサービスに関係なくどの事業においても、価値や特徴がないのであれば、そもそもその事業は続いていないでしょう。

スタートアップは顧客にとって価値があり、ニーズもあると考えた新しい事業を始めるのが普通ですよね。その点、自社にとってのＵＡＶが分からないと感じるのは、比較的大きい企業かもしれません。

彌野　ファミリーマートは大企業ですが、足立さんはどのようにファミリーマートのＵＡＶを開発し、強化しているのでしょうか？

足立　ファミリーマートでは、「UAVの再定義」と「UAVの明文化」の2つを行いました。

特徴を再定義し明文化

足立　もともとファミリーマートは、競合コンビニと比較して「特徴が弱い」という傾向がありました。私がファミリーマートに入社し、CMO（最高マーケティング責任者）に就任した2020年10月当時、「ファミリーマートの特徴は何？」と周囲に聞いても、明確にこれという答えが出てきませんでした。そこで部署横断のプロジェクトを立ち上げてもらい、「顧客から見たファミリーマートの特徴」を明確にしていきました。

実は、ファミリーマートのPB（プライベートブランド）商品は、競合より安かったり、同じ価格でも内容量が多かったりと、お得な商品が多くあります。しかし、それらを明確にUAVとして定めていなかったので、「ちょっとお得」と再定義しました。コンビニは定価販売のイメージが強くあるため、「ちょっとお得」は特徴となり得ます。また高付加価値路線を打ち出している他社には、お得さを前面に打ち出した訴求はしにくいのではないかと考えました。

もう1つ再定義したものが「キャラクター」です。昔からファミリーマートには、主力のフライドチキンを擬人化した「ファミチキ先輩」のように、ちょっとおちゃめで面白いことをするコンビニというイメージがあります。ですが、これらも特徴だと明確に定められていませんでした。そこで、「クラスの人気者」と位置付け、それがファミリーマートの特徴であり、キャラクターだと再定義しました。

彌野　新たなUAVを打ち出すのではなく、あいまいになり埋もれていたUAVを、再定義したのですね。明文化についても教えてください。

足立　特徴を再定義しても、それが従業員や顧客に伝わり、認識してもらわなければ、会社全体を動かすUAVにはなりません。そこで、21年3月にファミリーマートの特徴を「5つのキーワード」として明文化し、これに基づいた企業発信を行ってきました。これは「ファミリーマート40周年プロジェクト」内で示したものです。

5つのキーワードとは、（1）もっと美味しく、（2）たのしいおトク、（3）「あなた」のうれしい、（4）食の安全・安心、地球にもやさしい、（5）わくわく働けるお店。これらを全社戦略として定め、方向性に沿った数々の施策を実施してきました。

■「ファミリーマート40周年プロジェクト」内で示した「5つのキーワード」

キーワード	説明
1.もっと美味しく	定番商品をもっと美味しくしていくとともに、美味しさの新しいスタンダードとなるような新商品を発売していきます。
2.たのしいおトク	楽しくおトクなお買い物体験を、ファミリーマートらしく、ちょっと遊び心を加えて、皆様にご提供していきます。
3.「あなた」のうれしい	お客様一人ひとりに喜んでいただけるよう、コンビニエンスストアの常識にとらわれない、多種多様な提案をしていきます。
4.食の安全・安心、地球にもやさしい	食の安全・安心や環境に配慮した取り組みを、さらに推しすすめていきます。
5.わくわく働けるお店	ファミリーマートのスタッフがわくわく働ける環境づくりをすすめていきます。

例えば、「たのしいおトク」に基づく施策では、40％増量だったり、1個買うと1個もらえるだったり、お得系のキャンペーンを連発しました。これは「ファミリーマート＝ちょっとお得」というUAVを顧客に認知してもらうためです。1個買うと1個もらえるは、再定義する前も行っていたキャンペーンですが、当時は店頭のPOP（ポップ）でのみ訴求をしていました。そこでテレビCMやSNSでも告知して訴求範囲を広げることで、来店していないお客様にも、「ファミリーマート＝ちょっとお得」が伝わるようにしました。

「たのしいおトク」に基づいた、40%増量キャンペーン

UAVを再定義し制定してからは、より多くのお客様に認知され、イメージが定着するよう、UAVを強化できるニュースやキャンペーンをどんどん展開しています。

彌野　明文化することで、経験の中でなんとなく自社の強みだと思っていた様々な特徴を社内で浸透させ、そのUAVを継続的に商品とプロモーションに落とし込んで社外向けにも訴求していったということですね。

足立　その通りです。実は明文化にはもう1つ、「人が変わっても継続できるように」という意図があります。企業においてよく起こりがちなのが、せっかくUAVが定まったとしても、社長やマーケティング責任者が変わると、商品や施策ががらっと変わってしまうことです。そこで、関わる人が変わっても、継続してUAVに基づいた施策を展開できるように、明文化したという背景もあります。

彌野 なるほど。この定義した5つのキーワードは、ファミリーマートがもともと持っていた構造的な強みをベースにつくったのか、もしくはカテゴリードライバー（カテゴリーを伸ばすための大切な要素）を鑑みてつくったのか、どちらでしょうか？

足立 両方です。基本的には3C（顧客・競合・自社）の考え方です。顧客が喜び、競合が模倣しにくく、自社の強みを生かせることと考えています。

UAV構築に必要なのは「一貫性」

彌野 一般的に浸透している差別化の取り組みの多くは、広告宣伝の際にどのポイントを「売り」として訴求するか、つまり企業視点になっています。一方UAVは、顧客がその企業や商品のどこに魅力を感じているか、そこに自社の強みを掛け合わせることで、顧客にどのような価値を継続的に提供できるか、つまり顧客視点の差別化です。UAVは、顧客に選ばれ続ける理由になるので、継続的な事業成長を実現していくことができます。ただし、それを実現するには、マーケティング部だけではなく、商品・サービス開発や営業など組織を横断し、企業全体でそのUAVを強化していくために取り組む必要があります。

足立 ファミリーマートでも、企業全体としてイメージをつくり、お客様に届けたいと考えています。企業のイメージは人のイメージと同じで、一日や二日でつくられるものではありません。ある程度の期間、継続して同じメッセージを発信することで、イメージが形成されていきます。

なので、マーケティング部がコミュニケーション領域で発信するだけではなく、商品開発、営業、店頭で行うプロモーションも含めて、一貫性を持つ必要があります。

一貫性には2つの種類があります。1つ目は、企業が発信するコミュニケーションの方向性がそろっていることです。テレビCMやSNSなどのプロモーションや商品開発など、企業として様々なチャネルを使って顧客とコミュニケーションを取る必要があります。その際、それぞれが別の方向を向いていてはいけません。必ず同じ方向を向き、たとえ手段が異なったとしても、同じタイミングでは同じメッセージを発信することが大切です。

前述した通り、ファミリーマートの特徴として示した5つのキーワードは全社方針です。そのため、これに沿った商品やプロモーションが出てくるようになっています。キーワードごとの比重は決まっていませんが、例えば「お得」に偏りすぎないようにするなど、ある程度のバランスを保って、5つのキーワードに沿った情報発信を行っています。

もう1つが、一定期間、同じ情報を発信し続けることです。例えば「お得」という印象を広げていくために、ファミリーマートはお得と感じていただけるようなプロモーション施策を、数年間続けて行います。

マーケターの中には、毎年、新しい施策を次々と行うことに注力してしまう人もいますが、一貫性を持たせるためには、過去に行った施策をアップグレードして次の年も行うのが有効です。翌年は前年の反省を踏まえて改善されるので、おのずと売り上げが伸びていくからです。同じ施策を実行していくことで、より多くの顧客にUAVの認識が定着していくことを狙っています。

経営レベルで作成し、全社で取り組むUAV

彌野　足立さんがＵＡＶはマーケティング部門だけでなく、全社的に取り組むべきものと考える理由について、もう少し教えていただけますか？

足立　ＵＡＶはお客様がそのサービスを選ぶ理由そのもの。つまり、ＵＡＶは会社の存在価値と同義ですからね。

ファミリーマートの５つのキーワードも、もともと全社横断型のプロジェクトで作成しました。結果的に、各部署の部長クラスがこのプロジェクトに参加していたこともあり、全社一丸となって、納得感をもって実践できているのだと感じています。

彌野　私の経験でも、ＵＡＶの開発や強化は、マーケティング・コミュニケーション部門だけでは難しいと感じています。少なくとも、商品開発や事業開発といった、顧客に提供する商品やサービスの開発チームと一体でつくり、実行していかないと難しい。

足立　企業は一つの人格を持っています。そう考えると、直接的に「売る」の役割を担うマーケティングや営業部門「以外」でも、一貫性を持った情報発信ができると望ましいですね。

ファミリーマートでは、採用においても一貫させています。21年10月から、ファミリーマートのポジションを表現するために「チャレンジするほうのコンビニ」というコミュニケーションを始めたのですが、これを新卒採用のコミュニケーションにも使用しています。新卒採用に関するリクルートページでは「チャレンジするほうの仕事をしよう！」というメッセージを打ち出しています。これは、企業として据えた「チャレンジャー」のポジショニングの企業として、チャレンジしたい人を募集するという一貫性のあるメッセージになっています。

商品やサービスに関して一貫性を持った情報発信ができている会社はあっても、採用を含め企業全体の情報発信に一貫性を持たせられている会社は、まだそこまで多くないかもしれないですね。

彌野　そう考えると、ますますUAVに準ずるものは経営レベルで合意できていないとだめだということですね。

ファミリーマートに学ぶ UAVの発掘・強化に生かす 3つのポイント

❶明文化する

企業が存続している限りUAVはある。UAVを開発（再定義）し、明文化することで、何がUAVであるかを関係者の共通認識とする

❷一貫性を持たせる

情報の方向性と時系列の2軸で一貫性を持たせる。UAVが定着するのには、数年の時間がかかる。一定の期間、同じメッセージを発信することで定着させる

❸組織横断、全社で取り組む

UAV=会社の存在価値。「売り上げ向上」に向けた情報発信だけでなく、採用など会社の情報発信にも一貫性を持たせることが大切

第4章

「顧客に選ばれ続ける最強ブランド」を実現するUAVのつくり方

UAV開発の3ステップ

本章では、マーケティング戦略の中核となるUAVの開発方法についてお伝えしていきます。

まず、誰が主体となりUAV開発を進めればいいのかを説明します。複数の事業を展開する事業部制を敷く大きな企業の場合は、該当事業責任者がプロジェクトリーダーとなり開発します。商品やサービスが1つしかないなど、単一ブランドを展開する場合には、マーケティング責任者がプロジェクトリーダーとなり開発を進めますが、代表取締役やCEO（最高経営責任者）も深く関わることがあります。

UAV開発は、商品開発とプロモーションの両方に示唆や影響を与えるため、商品開発とプロモーションを管掌する事業責任者が主体となることが重要です。その際、営業部門など事業運営に関わる様々な部署のメンバーにも参加してもらい、多角的な視点を取り入れると、自社の強みとなりえるものは何か、様々な方向性で見えてきます。また、関係各所を巻き込むことで、UAV開発後の実行やオペレーションに落とし込みやすいというメリットもあります。

次にUAV開発のタイミングです。UAVの開発は、(1)新規事業の企画時、(2)既存商品やサービスの売り上げ強化を図りたいとき、(3)商品やサービスのブランドの刷新や強化が必要なときに行います。UAVは一度開発したら終わりではなく、外部環境の変化により市場や顧客が変わることが想定される2~3年ごとに見直します。

続いて、UAV開発をどのように進めるかです。UAV開発は、主に次の3ステップに沿って進めていきます。

■ステップ1 自社の強みとなりえる候補を定める(強みの発掘は、「自社にとっての当たり前」に目を向ける)

社内の関係者で意見を出し合い、自社の強みになりえる候補を洗い出し仮説をつくる

■ステップ2 顧客のインサイトを理解する(=定性調査)

自社の商品・サービスが必然性をもって〝選ばれ続ける理由〟を顧客のイン

サイトから徹底的に検討する。また、ステップ1で候補に挙げた強みがなぜ、顧客から支持される理由となっているのか、定性調査を基に顧客のインサイトを理解する

■ステップ3　売り上げ最大化の確度が最も高いUAVを特定する（＝定量調査）

ステップ1と2を掛け合わせて、構造的優位性を持つUAVを絞り込む。複数の候補がある場合には、その中から目標達成に向けて最も有効性や確度が高いものは何かをターゲット顧客らに定量調査をし、効果が最も高く見込めるUAVを特定する

こうして開発したUAVは、具体的に商品開発やマーケティング施策に落とし込んでいきます。

UAVの開発を3ステップで進める理由

ＵＡＶの開発をこの3ステップで進めるのには、3つ理由があります。

1つ目は、商品やサービスの独自性を確立するには、他社と比較して弱みを克服するのではなく、自社の強みに焦点を当てることが重要だからです。

売り上げや事業成長が鈍化する企業の多くは、「競合に対して負けている。何かが足りない、他社に追い付かねば」と競合他社と自社のギャップにばかり目が行き、「顧客不在」のマーケティングアクションを取りがちです。競合との差分を埋めることばかりに意識が向かうと、顧客に選ばれ続ける上で欠かせない、自社ならではの特徴をむしろ希薄化させてしまいます。競合を見すぎると、逆に差別化から遠のいてしまうのです。

ＵＡＶ開発は、自社の強みを入り口としますが、残念ながら、「自分たちには強みがない」「他社に優るところは持っていない」と悩む企業も多くあります。しかし、これまで数多くの企業とＵＡＶ開発に携わってきた経験から言えるのは、自社にとって「当たり前にやってきたこと」こそ、顧客に支持されている秘訣、つまり自社の強みや優位性となるケースが多くあるということです。そうした強みを生かすことが、競合他社に模倣されにくい構造的優位性をつくり出す近道となります。

2つ目は、顧客が自社を選び続ける理由は、「顧客の認識の中に存在するもの」だということです。いくら企業側が「これが我が社の商品価値だ」と思っていても、それを顧客も同じように「魅力的だ」と認識するとは限りません。そもそも、何を「価値」と捉えるかは、人それぞれ異なります。だからこそ企業視点ではなく、顧客視点で自社の強みを捉え直すアプローチが重要になります。

3つ目は、UAVの候補が複数ある場合、どれが最も多くの顧客に選ばれ続ける価値なのか絞り込む必要があるからです。そのためには、定量調査が欠かせません。事業の目標達成に向けた伸びしろや有効性が高いUAVがどれかを最終的に判断するには、定量調査の結果を基にします。

3つのステップを通して、ターゲット顧客はどんなことに困っているのか。何を理想として考えているのか。何を購入の意思決定要因にしているのか。自社の強みを生かしながら、顧客が自社の商品やサービスを「選び続けたくなる理由」を開発していきます。

この、顧客が選び続けたくなる理由こそが、「あなたが知らないあなたの会社だけの強み」と言えます。あなたの会社だけの強みを生かしたUAVを開発することが、他社が簡単に追随できない強いブランドを築く鍵となります。

各ステップの進め方のポイント

それではここから、各ステップにおける進め方のポイントを見ていきましょう。

ステップ1　自社の強みとなりうる候補を定める（強みの発掘は、「自社にとっての当たり前」に目を向ける）

自社の強みを発掘する「ステップ1」は、普段自分たちが当たり前にやっていること、つまり習慣的な行いに目を向けることから始まります。この強みを見つけるプロセスは、個人が自身の強みに気付きにくいのと同じで、自分たちで認識するのが難しい場合が多々あります。

そのため、第三者の客観的な目線が入ると発掘しやすくなるのですが、それが難しい場合には、一人あるいは一部署だけではなくブランド活動に関わる複数の部署を交えて、多角的な視点を入れるようにしましょう。様々な角度・視点から捉えることで、単一目線では気付けない自社ブランドの強みを見つけることができます。

手順としては、まずブランド活動に関わる複数部署のメンバーで、自社のブランドを構成する要素をあらゆる角度から抽出していきます。対象となるのは、有形の資源（ヒト・モノ・カネ）や、無形の資源（技術・ブランド・ノウハウ・経験・会社の歴史など）。そして、抽出した要素の中から、できるだけ他社に模倣されにくいものを選んでいきます。

この強みを見つけるプロセスで注意したいのが、競合と同一の尺度での比較から探ることです。自社も競合も持っている強みの度合い（例：「A社と比べて、▲▲の配合が10％多い」「B社よりも、××のスピードが％向上」など）で差別化しても、顧客視点ではどれほどの違いがあるのか分からない「意味のない差別化」となりがちだからです。

一つの強みだけでは弱いと感じる場合、もしくは強みとなりえる要素が見つからない場合には、強みとなりえる「要素の掛け算」により希少性を高めることができます。

強みの掛け合わせで、希少性を高めたUAV開発例を紹介しましょう。食品メーカーのA社は、ダイエット関連の機能性表示食品を製造・販売していました。競合に負けないためには、「脂肪の吸収を抑える」という機能性表示を取得することが必須。データを蓄積し、無事に表示できることになりました。

ところが先行する競合は、さらに追加で「脂肪の吸収と糖の吸収を抑える」とうたう機能性表示を始めたため、健康訴求では見劣りするようになってしまいました。このままではいたちごっこになると感じたA社は、UAV開発にとりかかりました。

「ステップ1」の自社の強み発掘で最終的に見いだしたのは、当初、社内的にはあまりに当たり前で、誰もそのこだわりが強みや優位性になるとは思いもしなかった「おいしさ」です。A社は食品メーカーとして「自然由来のおいしさ」を最も重視してきました。実際、「おいしさ」は顧客からも定評があったので、これが自社の強みだと認識することにしたのです。

同社の商品は、健康意識の高い人が気にする素材や成分も、すべて国産の自然素材でつくっています。産地を明記できることも他社との違いだったので、その訴求も強みになりえると判断しました。「脂肪の吸収を抑える」ことに加えて、「自然由来のおいしさ」と「産地明記による安心感」、この掛け算が、競合が模倣しにくい強みとなったのです。

補足ですが、次に紹介する「ステップ2」の定性調査でも、A社の顧客は機能性以上に、まず食品としてのおいしさを重視していることが分かりました。そこで「自然なおいしさ」を伝えることがA社のUAVの核となりました。

強みと弱みは表裏一体

強みと弱みは、表裏一体の関係であることも意識しておくとよいでしょう。革新性や現代性を重視する人には、歴史あるブランドは古臭く感じられるかもしれませんが、そのブランドが長年積み重ねてきた価値観は、伝統を重んじる人には強烈な魅力として映るものです。このように一部の状況では不利に見えることも、別の視点からは強みに変わることがあります。

弱みを強みに転換した例

- 品ぞろえ／情報量が少ない➡本当に厳選したものだけを提供している
- 新規参入で信頼性が低い➡業界の古い慣習にとらわれず、新しい価値を提案できる

・価格が高い⬇質の良い原料だけを使用して商品を作っている
・他社に比べて機能が少ない⬇不必要な機能を取り除くことで、直感的で使いやすいサービスにしている

様々な角度から検討しても強みが見いだせない場合は、前述の「要素の掛け算」による強みの構築を目指します。「要素の掛け算」により構造的な強みをつくり出し、希少性を高めることができます。特に、コモディティー化が進んだ業界は、この複数の要素を掛け算して強みをつくる手法が有効です。

例えば、当社は「P&G出身者がマーケティング支援を行う会社」ですが、同様の会社は複数あるので、これだけでは模倣されにくい強みとは言えません。

しかし「P&Gで培ったマーケティングスキル」に加え、「デジタルテクノロジーに強く」「海外のオフィスも持ちグローバル展開の支援ができる」、これらの3つの要素を掛け合わせると、希少性・独自性が高まります。それぞれの要素ごとに見れば、同様のサービスを提供できる競合はいますが、3つの要素を掛け合わせることで、希少性が高まり模倣されにくい強みとなるのです。

要素の掛け合わせによって強みを構築する際の視点として、できるだけ掛け合わせる各要素自体の市場が大きく、かつ、その市場が成長していることが重要です。なぜなら市場が大きく成長している要素の掛け算は、必然的に需要が大きくなるため、希少性を高めつつもニッチになることを避けられるからです。

ステップ2 顧客のインサイトを理解する（＝定性調査）

次に、「ステップ1」で洗い出した仮説を、ターゲット顧客の視点から捉え直し、UAVをつくり上げていきます。この作業は、UAV開発において最も重要なポイントです。せっかく見つけた強みも、顧客視点に捉え直さないとUAVにはならないからです。

例を挙げて説明しましょう。1年前にブランドを立ち上げたばかりのA社は、デザインにこだわった家電を、「かっこいい」世界観で打ち出したいと考えていました。立ち上げ当初は目新しさもあり売れ行きは良かったのですが、なかなか顧客が増えないという課題を抱えるようになりました。改めてターゲット顧客に対して選ぶ理由を調査してみると、意外な事実が判明しました。それは、その家電を使うと「時短になる」というタイパ（タイムパフォーマンス）に関するキーワードがほとんどだったということです。「デザインもかっこいいから」という評価は付け加えるように出てくるだけで、明確な購入理由や後押しにはなっていないことが分かりました。実際、その家電には時短を実現できる独自技術があり、顧客はその価値を評価していたのです。

その後、時短を軸にしたUAVの訴求に変えたことで、購入率は数倍に改善しました。この例のようにデザイン性や世界観を打ち出したいと考えるブランドも多くあります。実際、ブランドをつくる上で、自社の思いやこだわりを持つことは重要です。しかしその思いやこだわりが「顧客の便益」と直結していなければ、顧客に選ばれる理由とはなりません。

企業目線の思いやこだわりを訴求するのでなく、ターゲット顧客が自社の商品やサービスを必然性を持って選び続けたくなる価値が何かを理解すること。その顧客が魅力に感じている価値に気付くには、日ごろから顧客視点やインサイトを意識すること、そして、そのために顧客の声を聞くことが大切です。

顧客のインサイトを理解するために重要なのが定性調査で、「ステップ2」の中心となる工程です。定性調査は、一対一のインタビュー形式で行います。

定性調査で重要なのは、まず前提情報となる顧客の普段の生活や、ライフスタイル、日々の暮らしに何を求めるかといった基礎的な習慣や価値観をしっかりと把握し、顧客像を理解することです。

その上で、調査対象となる商品・サービスについて、どういう認識・理解を持ち、数ある選択肢の中からその商品やサービスを検討したのか、その理由や購入の意思決定要因、商品やサービスを認知したタッチポイントなどを明確化しながら、ＵＡＶの候補を絞り込んでいきます。

定性調査は、目的や目標の達成に向けて貢献度の高い「理想的な顧客」を対象に行います。理想的ではない顧客に自社の商品やサービスについて意見を聞いても、表層的なコメントに振り回される結果となるので、注意が必要です。

確かに幅広い人の意見を聞くことで、顧客層を広げるために有効な示唆も得られることもあるかもしれません。しかし、あらゆる意見を商品企画や開発に取り入れてしまうと、誰にとっても最良ではない商品ができてしまいます。多様な意見に翻弄されるのではなく、まずは理想的な顧客の声に耳を傾けることが大切です。

定性調査のポイント

・誰に聞くのか：目的や目標の達成に向けて貢献度の高い理想的な顧客
・何を聞くのか（主な調査項目）
（1）顧客像（習慣や価値観）
（2）当該商品・サービスについてどう認識・理解しているか
（3）購入のきっかけと理由。どこで知り、どのように調べたのか
（4）商品・サービスの気に入っている点、改善してほしい点

ステップ3 売り上げ最大化の確度が最も高いUAVを特定する（＝定量調査）

最後に「ステップ3」です。「ステップ1」で候補に挙げた自社の強みと「ステップ2」の顧客インサイトからUAVを開発し、最終的に、定量調査を通して顧客から選ばれ続ける理由として最も有効性が高いUAVを確定します。

最終的な候補が複数ある場合には、定量調査の結果から、目標達成に向けて最も有効性や確度が高いものをＵＡＶとして特定することが重要です。

定量調査で意識すべきことは、どのような規模の調査をするのか、誰に調査をするのか、どのような質問をどの順番でするのかなど、適切な調査設計を行うことです。定量調査では、数字が出るので、誤った調査設計を行ってしまうと、経営戦略に関わる大きなミスにつながります。正しい調査設計を行った上で、ブランドのポテンシャルを最大化するＵＡＶを特定します。

なお、定量調査からは、そのＵＡＶに対して購入意向を持った顧客の特徴やタッチポイントなど、多くの定量的なデータが得られます。そのＵＡＶを具現化した場合、どれだけのビジネスインパクトが得られるかの需要予測も可能になります。

購入意向に直結する「ペインポイント」、「購入ドライバー」「購入バリア」を理解する

「ステップ2」の顧客インサイトの理解を基にUAVを開発する際に、役立つであろう視点をいくつか抜き出してご紹介します。

そもそも、商品が購入されるのはどんなときでしょうか。人は、自身が抱えている何らかの課題を解決するためにお金を払います。これを「ペインポイント」と言います。

ペインポイントとはどのようなものか、考えてみましょう。例えば、通勤ラッシュのストレスに直面しているビジネスパーソンがいたとします。その人にとって、通勤ラッシュによって受けるストレスが「お金を払ってでも解決したい」ことならば、有料の座席指定サービスや、タクシーなどの交通手段が選択肢に挙がるかもしれません。もしくは、職場の近くに引っ越す手段を取る人もいるでしょう。

このような手段を取ることで、その人はお気に入りのカフェで朝食をとってから晴れやかな気持ちで仕事を始められるかもしれません。もしくは、1時間の通勤時間を減ら

すことができれば、その余剰時間を、英語学習や趣味の料理に充てようと考えることもあるでしょう。つまり「理想」と「現実」の間に生まれるペインポイントが大きければ大きいほどに、人は「お金を払ってでも解決したい」と思うのです。これはその人にとっての課題の重要度と捉えることもできます。

逆に言うと、ペインポイントを漠然としか捉えられていないと、「お金を払ってでも欲しい！」という欲求を見過ごすことになります。「あったらいいけれど、なくてもいい（Nice to have)」止まりでは、お金を払ってもらうことはできません。顧客インサイトを捉えるときは、ペインポイントがどこにあるのか、どのくらい重要かを見ることが大切です。

スタートアップでも大企業の新規事業でも、新たに事業を立ち上げていく際は、「あったらいいけれど、なくてもいい」ではなく、「お金を払ってでも欲しい」という深度のある課題と解決策を捉えていかねばなりません。ターゲット顧客にとってその課題は、解決する重要性が高い深刻な問題か。ＢｔｏＢ（企業間）ビジネスの場合も、その企業にとって継続的に費用をかけてでも解決することが求められる問題なのか。それらを顧客のインサイトから探っていく必要があります。

なおペインポイントから新商品開発のヒントを得ることもできます。それには、定性調査を活用していきます。まず定性調査を通じて、ターゲット顧客のペインポイントの解像度を高めていきます。そこから、自社の強みを生かすことで、どのような解決策を提供できるか検討します。要件を満たす解決策ができたら、再び同様のペインポイントを持つ顧客に調査を行い、ペインポイントと解決策をセットにして商品やサービスの購入意向を確かめます。この時「その解決策であれば欲しいと思うか」だけではなく、「〇〇円を払ってでも買いたいか、買い続けたいか」と想定価格に対する感触も見ながら購入意向を尋ねることが、重要なプロセスとなります。

「購入ドライバー」が「購入バリア」を上回れば買いたくなる

「顧客から選ばれる理由」により迫るには、買い手である顧客のインサイト理解が欠かせません。顧客はどのような意思決定基準で商品やサービスを選び、購入しているのか。その手がかりとなるのが、「購入ドライバー」「購入バリア」という2つのキーワードです。ステップ2のインサイト理解の補助線としても重要なポイントです。

「購入ドライバー」とは、顧客が買いたくなる理由です。一方、「購入バリア」とは、購入を悩む、あるいは買わなくてもよいと思う理由です。

購入ドライバーと購入バリアは、一つではなく複数あることがほとんどです。この時、ドライバーの総和が、バリアの総和よりも大きければ購入意向は生まれますし、バリアの総和の方が大きければ購入意向はなくなります。それぞれのドライバーやバリアの影響力は等価ではなく、ターゲット顧客にとっての重要度によって重み付けされます。

「購入ドライバー」と「購入バリア」について、スマートフォンを例に考えてみます。

「購入ドライバー」となる要素は、例えば次のようなものです。

（1）直感的で使いやすい操作性
（2）大勢の人が所有している＝人気の商品を持ちたいという欲求
（3）スタイリッシュなデザイン
（4）既存のデバイスとの互換性

一方、「購入バリア」となる要素は、次のようなものが考えられます。

（1）価格が類似商品よりも高い
（2）バッテリーの持ちが悪い
（3）修理費用が高い
（4）顧客サポートが淡泊

先ほどお伝えしたように、「購入ドライバー」と「購入バリア」のそれぞれの要素が購入心理に与える重要度、影響度は等価ではありません。ですからそれぞれの要素を洗い出したら、「影響度が高いと思われる要素」を100点、「中間」を50点、「影響力が低いと思われる要素」を10点のように、それぞれの要素を重み付けした上で、購入ドライバーと購入バリアを比較し評価していきます。

ただし注意したいのは、買わない理由である購入バリアが1つもなくても、買いたい理由である購入ドライバーがない限り、顧客には買ってもらえないことです。反対に、購入バリアがたくさんあっても、それを上回る購入ドライバーを用意できれば顧客に買ってもらうことができます。

・**購入ドライバーの総和 ∨ 購入バリアの総和 → 買いたくなる**
・**購入ドライバーの総和 ∧ 購入バリアの総和 → 買いたくなくなる**

この購入心理のフレームワークを基にすることで、顧客の目線から自社の商品が〝選ばれる理由〟と〝選ばれない理由〟、そして、〝選ばれ続けるために必要な要件〟を特定するのに役立ちます。

購入ドライバーと購入バリアの関係を見る上で、任天堂が手掛けてきたゲーム機を例に挙げてみましょう。

かつてテレビゲームは、長時間テレビの前に座って一人や二人で遊ぶものであるという特性があるが故に、「体にも目にも良くなさそう」という印象を抱いていた人が多いたかもしれません。テレビゲームの購入に踏み出せない人にとって、この印象が購入バリアになっていたことでしょう。そのイメージを覆したのが、2006年に発売された家庭用ゲーム機「Wii（ウィー）」です。

同社は、片手で直感的な操作ができるWiiリモコンを、テニスのラケットや釣りざおに見立てることで、体を使って複数人で遊べるという解決策を提示。「体にも目にも良くなさそう」とテレビゲームを敬遠していたであろう人やファミリー層にも支持され、大ヒットを記録しました。これはまさに、購入ドライバーが購入バリアを上回った結果と言えます。

また、17年に発売されたゲーム機「Nintendo Switch（ニンテンドースイッチ）」にも、より具体的に、同様の購入バリアを解決する意図が見られます。

Nintendo Switchは、「ジョイコン」と呼ばれる本体から分離するコントローラーを使って複数人でプレーを楽しめるゲーム機器ですが、テレビに接続するだけでなく、外に持ち運んで遊ぶことができます。「外出先でも遊べる」という新たな価値提案をしたことで、従来のゲームカテゴリーが持っていた「室内にこもってしまって不健康だと思う」という購入バリアをさらに解決し、より幅広い顧客層に支持される要因をつくりました。

Nintendo Switchは、好きな場所で時間が空いたときに気軽にスマートフォンでゲームを楽しむ層と、パソコンやゲーム機などを利用して普段からゲームをやり込んでいる層、両者の希望をかなえたと言えます。

体を動かして楽しむWiiや、Wiiをさらに進化させ、場所をも選ばない柔軟な遊び方を提案するＮｉｎｔｅｎｄｏ　Ｓｗｉｔｃｈは、「ゲームは楽しいけれど、家の中で、体を動かさないから不健康。だから購入できない」という購入バリアを超える購入ドライバーを提案し、成功を収めたケースと見ることができます。

ドン・キホーテの例に見る「選ばれ続ける理由」

本章の最後は、ディスカウントストア最大手の「ドン・キホーテ」を例に、顧客のインサイトに対して、「独自性の高い要素の掛け算」をするとなぜ、構造的優位性が高いＵＡＶ生まれるか、その理由を解説します。「ドン・キホーテ」を運営するパン・パシフィック・インターナショナルホールディングス（ＰＰＩＨ）は23年6月期に、34期連続で増収・増益を達成した、まさに顧客から選ばれ続けるブランドです。

数ある小売店の中から、意図してドン・キホーテを利用している顧客のインサイトは、「何か欲しいものがあるわけではないけれど、ストレス発散も兼ねて買い物をしている間に、掘り出しものが見つかったらうれしい、楽しい」と想定することができます。

このインサイトは、多くの人が共通して持っているものです。その数は、数百万人または、それ以上にのぼるかもしれません。大きな需要が存在しているインサイトであることがうかがえます。それだけではありません。ドン・キホーテが優れているのは、「多様でユニークな商品」「圧縮陳列」「深夜まで開いている」という3つの強みを掛け合わせることで、希少性を高めていることです。

その希少性を基にしながら、顧客が求める「暇つぶしやストレス発散のために掘り出し物を見つける楽しさがある場所」という価値を提供しているからこそ、ドン・キホーテは顧客に選ばれ続けるブランドとなっています。

第5章

UAVの効果を最大化する5つのポイント

「戦略」を立てても「実行」に落ちないのはなぜか？

「戦略」は「実行」が伴って初めて成果が出ます。たとえ戦略が100点でも、実行が伴わず30点で終わってしまうと、結果も30点になってしまいます。結果を100点にするためには、戦略が100点であるだけではなく、実行も100点にしないといけません。

ところが現実には、「戦略」が正確に「実行」に落ちないことは珍しくはありません。戦略策定と実行の担当者が異なることが多いのが理由の一つです。そのような場合は、戦略策定の担当者が実行の担当者に戦略の狙いを正しく伝え、立案された施策が戦略と合致しているか判断しなくてはなりません。さらにその判断は、戦略策定の前提となる顧客理解に基づいて行っていく必要があります。

そのため、施策の立案や実行を行う担当者も、共通の顧客理解を持った上で、つくられた戦略の意図を理解していることが重要です。戦略策定の担当者のみならず、施策の立案者や実行の担当者まで、同じ顧客理解を持っていると施策の精度やPDCA（計画、実行、評価、改善）を回す速度が格段に上がります。

ここで、当社がマーケティング戦略策定において支援していたスタートアップのケースを紹介しましょう。戦略策定後、その企業が単独で戦略の実行に取り組むことになりました。

プロジェクトが終了してから半年ほどして事業の進捗を尋ねたところ、彼らから「思うような成果が得られていない」と報告を受けました。主たる要因は、戦略で見いだしたUAVが実行に落ちていないことでした。そこで当社から改めて支援先の現場担当者にそのサービスのUAVを説明し、WebサイトなどにUAVを正確に反映してもらいました。すると、3カ月で大幅に結果が改善し、過去最高の成果を達成できたのです。

前述した通り、「戦略」は「実行」が伴って初めて成果を生みます。万が一、「戦略」が「実行」に落ちていないとすれば、「戦略」のどの部分が正確に「実行」に落ちていないのかを特定し、改善していく必要があります。結果を最大化するために、「優れた戦略と、優れた実行は両輪である」と認識しましょう。

それではここから、UAVをマーケティングの実行に落とし込んでいく際の、5つのポイントを紹介していきます。

（1）広告・販促は、必然性を持って売れる準備ができてから

UAVを施策として具現化していく際は、マーケティング「4P」のうち、（1）商品→（2）販路→（3）価格→（4）広告・販促の順番で反映していきます。

UAVは、商品やサービスから反映していくため、まず開発担当者などとすり合わせていきます。このプロセスをUAV反映の最初に位置付けているのは、「お金を払ってでも手に入れたい」と顧客が思う対象は、商品やサービスだからです。マーケティングというと広告宣伝に代表される「伝えること」ばかりに注目が集まりがちですが、それは狭義のマーケティングであり、むしろマーケティングの4Pの最後の一手に過ぎません。

商品にUAVを反映したら、次は販路です。販路が競合他社と比べて劣っていると、いくらUAVを反映した魅力的な商品やサービスが開発できたとしても、顧客がスムーズにそれらを購入できず、実売において不利になります。オフラインの販路がつくりにくいエリアの顧客に向けては、ECサイトも活用するなど、顧客が商品をできるだけ簡単に入手できるよう対策を講じましょう。また、商品の欠品や不足が起きないよう、需

要予測を基に在庫管理に取り組むことも重要です。

その次が価格戦略です。価格は、自社の商品・サービスを購入してもらう上で大きな要因となります。製造コストや流通コストなど収益性を考慮しながらも、商品の価値と価格のバランスを見極め、自社商品が選ばれ続ける必然性が生まれる価格設定をしていきます。

このように、まず（1）商品、（2）販路、（3）価格の3つにUAVを反映し、顧客が商品やサービスを「買える」必然性が整ったら、ようやくUAVを伝えるための（4）広告・販促を実行していきます。

広告・販促を最後に持ってくるのは、テレビCMやSNSキャンペーンなどで需要を喚起しても、店頭やオンラインチャネルに商品がなければ顧客が購入することはできないからです。また顧客視点で競合他社の商品やサービスよりも、自社商品やサービスの方が、投資対効果があると感じられる価値と価格のバランスになっていなければ、売り上げを伸ばすことはできません。購入を検討していた顧客でも、購入検討の最終段階で購入を控える可能性があるからです。このような事態を招かないためにも、前述の順番でUAVを反映するのが理想的なアプローチです。

（2）「4A」フレームワークで施策を評価し、課題を洗い出す

UAVを施策として具現化する際も、顧客視点から外れないことが大切です。ところが戦略を施策へ落とし込む際、顧客視点を忘れ、企業都合で施策をつくってしまうことは珍しくありません。そうなると、どんなに優れたUAVを開発できても、結果を最大化できません。

そこで我々が提唱するのが、「4P」を顧客目線で捉えて、包括的に分析・評価するための「4A」のフレームワークです。4Aは、4Pである（1）プロダクト（商品）、（2）プレイス（販路）、（3）プライス（価格）、（4）プロモーション（広告・販促）を、顧客視点でどのような状態になっているかを可視化し、分析・評価するものです。

私たちが考える「4A」の意味するところは、一般的に知られる4Aと同じですが、それぞれの軸について、顧客視点で評価・判断しやすくするために、Attractive（顧客にとって魅力的な価値か）、Available（顧客にとって買いやすい販路か）、Affordable（顧客にとって買いやすい価格か）、Aware（顧客が価値を認識しているか）の4つで「4A」としています。

■「UAVマーケティング」の全体像

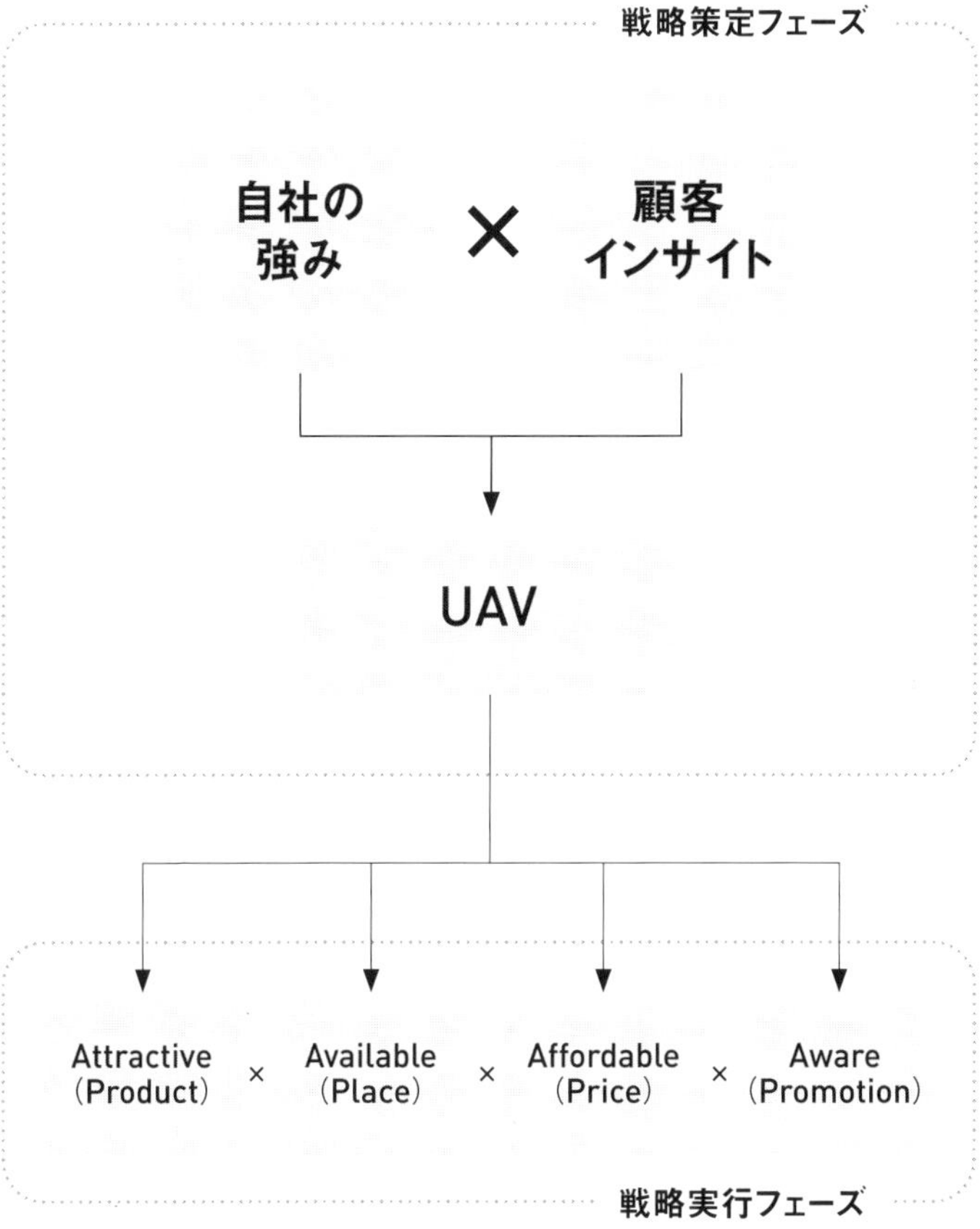

「UAVマーケティング」は、戦略策定から戦略実行まで顧客に選ばれ続けることをとことん突きつめたマーケティングフレームワーク。自社の強みと顧客インサイトから見いだされた「UAV（顧客に選ばれ続ける価値）」を、商品・サービス、価格、販路、広告・販促に一貫性をもって反映していく

そのため、「顧客にとって魅力的な商品を、顧客が簡単に、そして納得感のある価格で手に入れられるようにするにはどうすればよいか」という視点でマーケティングを商品設計から広告宣伝まで俯瞰《ふかん》的に捉えることができます。そうすることで、課題を明確化し、解決すべき優先事項を洗い出していくのです。市場や競合を見渡し、相対的にどこに強みがあり、どこに課題があるのかを明確化するためには、次のチェックリストを活用してみてください。すべてにおいて、UAVが反映されていることが前提です。

チェックリスト

(1)**Attractive**：顧客視点で競合商品よりも魅力のある商品・サービスか？
(2)**Available**：顧客が入手しやすい販路が十分にあるか？
(3)**Affordable**：顧客視点で価値が価格を上回っているか？
(4)**Aware**：顧客がその商品・サービスの価値を十分に理解・認識できる広告宣伝か？

食品やファッションなどの例外はあるものの、同一カテゴリーの異なる商品を複数同時に購入することは少ないでしょう。その点を踏まえると、顧客から選ばれ続けるには、顧客の認識の中で一番に思い浮かべられ、価格差を含めて、常に最良の選択肢として認識される必要があります。ターゲット顧客にその認識をつくるために、4AのすべてにUAVが反映されていることが重要です。

4Aの「顧客から」の視点をより徹底するためには、以下の2つの軸、「価値を顧客ROIで考える」「価値を実態と認識の両輪で考える」を意識していく必要があります。

(3)「顧客ROI」で、価格の妥当性を分析・評価する

多くの企業では、投資判断の際に、費用対効果としてROI（Return on Investment）を算出し、投資判断を行います。顧客に第一の選択肢として選ばれ続けるために、私たちが推奨しているのが「顧客ROI」という視点です。

お金を払うということは、顧客にとってはある種の投資であり、顧客が持つ課題を解決するという「価値」を得るための対価とも言えます。「お金を払ってでも買いたい」と思う、価格以上の価値を感じられれば、喜んで購入するでしょう。以下は顧客ROI

算出の計算式となります。「1」を超える（価値が価格を上回る）状態が理想です。

顧客ROI＝価値÷価格

便宜的に価値を数値に置き換えて、価値と価格との関係を見てみましょう。

例えば価格は同じですが、価値が100の商品と、より商品の魅力が高く価値が105の商品があったとします。その場合、大半の顧客が、より価値の高い商品を選ぶでしょう。同じ価格の場合、よほどの理由がない限り、2番目に価値が高いと認識する商品を意図して選ぶことは想定できません。つまり同じ価格であれば、より価値が高いと思う商品やサービスを求めるのが顧客心理というわけです。

同様に、顧客は同じレベルの商品やサービスであれば、より安い商品やサービスを求めます。価値が100の商品が、1000円と800円で売られていれば、価格の安い商品が選ばれるでしょう。

また、価値が100で価格が1000円の商品と、価値が80で価格が600円の商品の場合には、一部のプレミアム商品を好む顧客以外は、価値は劣るものの、価格で優位性がある（顧客ＲＯＩが高い）後者を選ぶ傾向にあります。つまり企業が費用対効果の最大化を目指すのと同じように、顧客は支払いに対して得られる顧客ＲＯＩを最大化する行動をとりやすいということです。

このように価値と価格の関係から見た時、顧客の購入意思決定プロセスは、次の４パターンに大別できます。

(1)価値と価格が拮抗しているため、購入を悩む
(2)価値に対して価格が高い（見合わない）ので買わない
(3)価値の方が価格よりも高い（お値打ち）と認識して買う
(4)競合商品と比較して、顧客ROIが高いと認識した商品・サービスを選ぶ

これが顧客ＲＯＩの基本的なパターンとなります。この点を踏まえると、自社商品が「選ばれ続ける」には、前述した通り、まず自社商品の顧客ＲＯＩが「１」を超える（価値が価格を上回る）必要があります。さらに、競合商品やサービスの顧客ＲＯＩと比べられた際に、自社の商品やサービスが「最も顧客ＲＯＩが高い」と認識されること

が重要です。

顧客ROIにおいて、競合商品に対して競争優位性を発揮するための手立ては、（1）価格を下げる、（2）価格を競合と同程度に設定しながら商品価値を高める、この2つの方法に大別できます。（1）では値引きクーポンなどを使い、価格を下げることで顧客ROIを高めます。

持続的な事業成長のための観点から望ましいのは、価格は据え置きでも、価値を高めて顧客ROIを上げること。または、価値を高めつつ、価格も上げることで、収益性をさらに高めることです。例えば米Appleは、独自性の強化により商品価値を高め、その価値を価格に反映することで高い収益性を実現しています。価値が伴っているので、価格を引き上げても顧客から選ばれ続ける状態を維持できます。

一方、低価格も戦略的に行えば、顧客ROIを高めることができます。かつてユニクロは、競合他社が原料の高騰により商品の値上げをしていた際、あえて値下げを行うことで、競合他社との比較において、顧客ROIを一気に高める戦略をとり、売り上げ向上を実現しました。

もし今、自社商品が顧客に「選ばれにくい」状態であるならば、顧客ROIが「1」

■価値と価格の関係性

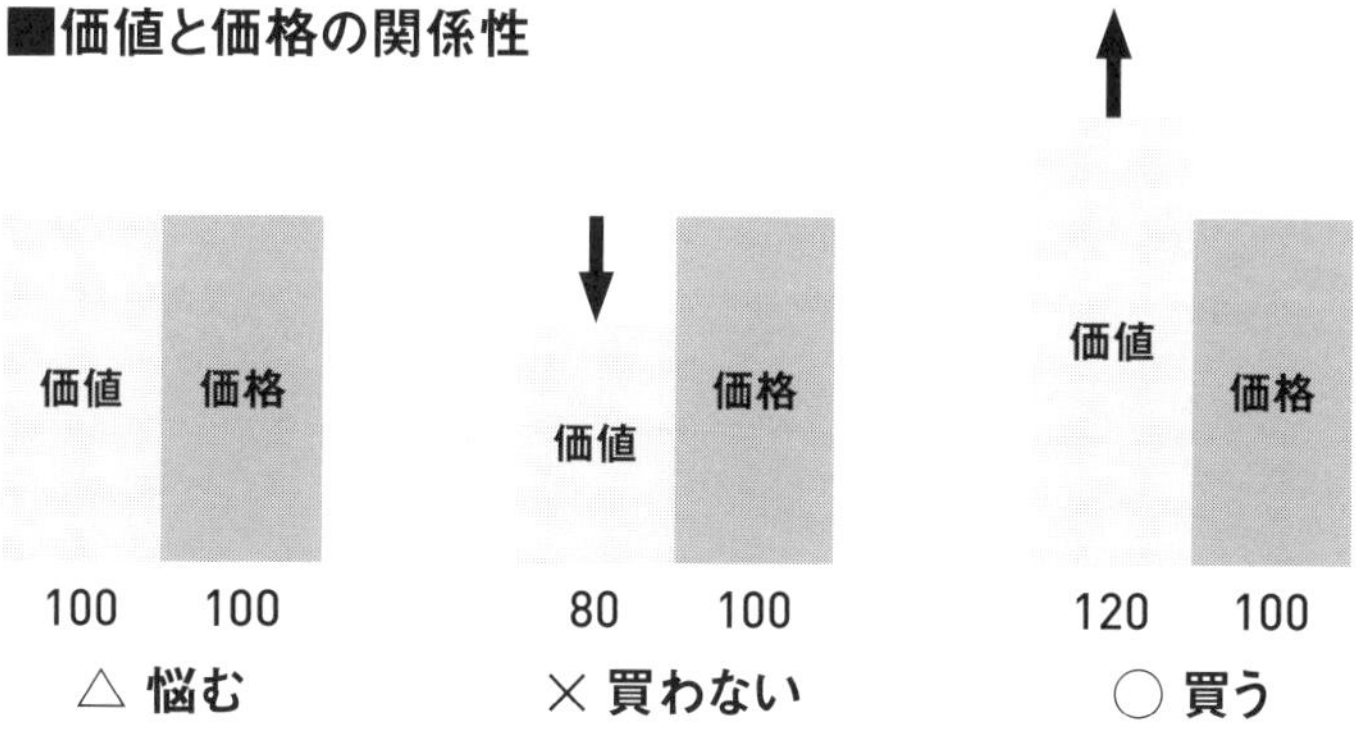

自社商品の顧客ROIが他社商品の顧客ROIを上回れば、顧客は購入を検討する

に満たない（価値が価格を下回る）状況と見ることができます。そもそも商品価値が伴っていないのか、価値に対して割高なのか、価値は感じられているものの競合の顧客ＲＯＩと比較すると負けているのか。顧客ＲＯＩの観点から分析してみると、解決すべき課題が何であるかの整理に役立てられます。

価格設定は多くの場合、原価や必要な収益性の担保から、一定の制約が生まれるものです。その制約の中で収益性を高めるには、顧客が「これならばその金額を払ってでも手に入れたい」と感じるように価値を高め、その価値を価格に反映することが重要です。そのためにも、商品やサービスの価値認識を高めるＵＡＶを開発・強化することが欠かせません。継続的にＵ

AVを強化し、顧客にとっての商品やサービスの価値認識を高められれば、値上げをしても販売数量が落ちないという理想的な状態がつくれます。

(4)価値は、「実態価値」と「認識価値」に分けて捉える

マーケティング施策の実行フェーズでは、ブランドが持つ価値を「商品の実態価値」と「顧客の認識価値」の両面で考えることが大切です。具体的には、施策を展開する際、UAVに基づいて「商品の実態価値」と、「顧客の認識価値」の両方が一致した形で進められることが理想です。

昨今は、顧客の声が可視化・蓄積され、誰もがその口コミ評価を参考にできる状況にあります。顧客は商品選びの際、企業の広告だけでなく、実際にその商品を使った顧客の声を参考にします。ソーシャルメディアの影響力が増す中、商品の使用後に評価され、口コミとして広がることを前提とすれば、「商品の実態価値」と「顧客の認識価値」のギャップを埋め、両方を高めていく必要があります。

「実態価値」と「認識価値」の関係についてより理解が深まるように、温泉旅館のケ

ースを例に考えてみましょう。

とある温泉旅館は広告宣伝に積極的で、雰囲気やイメージの良い美しい写真をたくさん使ってアピールしていました。しかし宿泊時の接客やサービスには、広告ほど力を入れて取り組んでいなかったので、広告の見た目は高い期待を抱かせるものだった一方、実際の宿泊体験は、そのイメージとの間でギャップを生み、顧客満足度を下げる要因となっていました。それがネガティブな口コミの投稿を生み、ますます旅館のイメージは悪化していったのです。

旅館に対してネガティブな評価が先行し、累積してしまうと、将来的にその旅館に対してポジティブな評価があっても、顧客にはネガティブな評価が伝わります。そのような状況が続けば、旅館のネガティブなイメージを払拭することは、ますます難しくなります。

この事例から学ぶべきは、「実態価値」と「認識価値」が乖離《かいり》すると、ブランドの信頼やイメージの低下などの問題を引き起こす要因となりえることです。顧客と信頼関係を築いたブランドをつくり、持続的な事業成長を図るには、「実態価値」と「認識価値」の両方が、UAVと整合している必要があるのです。

実態価値をもたらす「商品」と、認識価値をもたらす「広告」が両輪として機能しているかを確かめるには、次のような観点から評価していきます。

(1)新規顧客が獲得できなかった場合：開発したUAVが誤っているか、「広告」にUAVが反映されていない

(2)新規顧客は獲得できたが、リピート購入されなかった場合：開発したUAVが誤っているか、「商品」にUAVが反映されていない

(3)「商品」と「広告」の両方にUAVを適切に反映したが、「商品」が売れなかった場合：開発したUAVが誤っている可能性が高い

新規顧客が獲得できない場合は「広告」に、リピート購入が促されない場合は「商品」に改善の余地があると考え対処していくとよいでしょう。万が一、これらを改善してもまだ思ったような成果が得られない場合には、そもそも開発したUAVが誤っている可能性があるので、再度開発し直す必要があります。

(5)顧客の購入意向を高めるには「有効認知」を築く

UAVは、顧客が自社の商品やサービスを選び続けたくなる価値なので、プロモーションに生かす際は、開発したUAVを正確に伝えることを心がけます。ポイントは、自社の商品やサービスが選ばれ続ける理由となるUAVを正確に伝えること。つまり、第2章で紹介した「有効認知」を獲得することです。

UAVをプロモーションに正しく反映することがいかに重要か、とある人材育成サービスの広告事例を基に解説しましょう。同社はUAVを開発する以前、有名タレントを複数起用し、映像にCGを使うなどインパクトのある演出とユーモアをフックとしたテレビCMを展開していました。印象に残るストーリー展開は話題となり、認知拡大には奏功したものの、新規顧客の獲得という成果にはつながりませんでした。その理由は、目立つことが先に立ち、顧客がそのサービスを選びたくなる理由が伝わりにくい内容だったからです。

そこで同社は、テレビCMの見直しを行いました。このサービスにおけるUAVは、他社サービスにはない、多数の有名講師の指導が受けられること。まずその強みと、顧客のインサイトを基にUAVを開発し、多数の有名講師の指導が受けられるという魅力がしっかり伝わる内容に刷新しました。テレビCMを通じサービスのUAVが伝わったことで、ターゲット顧客に選ばれる理由が伝わり、過去最高の新規顧客獲得という成果につながりました。

このようにプロモーションに欠かせない広告クリエイティブにしっかりUAVが反映されているかは、マーケティングの成果に大きく影響を及ぼします。また適切なクリエイティブができても、そもそもターゲット顧客が見ている媒体で展開しなければ、広告を見てもらうことはできないので、どのような媒体で、いつ、どの程度露出するのが最適か、これらの計画を立てるメディアプランニングも重要です。

しかし、実務的には、メディアプランニングの精度を上げるよりも、広告クリエイティブにしっかりUAVを反映し、精度を上げる方が、広告効果への影響は大きくなります。過去の経験上、メディアプランニングの良しあしで施策の結果に差が出たとしても、多くて1・5倍程度。それ以上の改善は期待しにくいことが多いと言えます。

それに対して、テレビCMやバナー広告、ランディングページなどのクリエイティブは、その良しあしで結果が3～5倍ほど変わります。私が過去に分析したものでは、同一カテゴリーの2社がCMを放映したとき、クリエイティブの良しあしが明暗を分け、CPA（顧客獲得単価）で約10倍の差が出たと想定されるケースがありました。たいていの場合、投下予算金額が大きい出稿先（メディア）の最適化に注力しがちですが、効果に対しての振れ幅の高い広告クリエイティブの精度を高めることにリソースを割く方が、効果の最大化に貢献します。

広告クリエイティブは、ターゲット顧客の購入意向を高める大事なものです。それにもかかわらず、ブランド名を連呼するなど、顧客がその商品やサービスを選ぶ理由が伝わらない「無効認知型」のクリエイティブが世の中にあふれているのは、なぜなのでしょうか。

繰り返し強調しているように、今の時代のマス広告に求められる役割は、単に話題化したり、ブランドの名称認知を高めたりすることではありません。自社の商品やサービスのUAVをしっかりと伝え、ターゲット顧客に「私にとってこれを買うことが最良の選択肢である」という購入意向を喚起する「有効認知」にあります。

マーケティングを今の時代に必要な形で捉えると、マーケティングファネルの考え方が変わります。ファネルとは、顧客が購入に至るステップを示したモデル。一般的に入

■「購入意向」を高めるために、
有効認知の獲得から入ることが理想

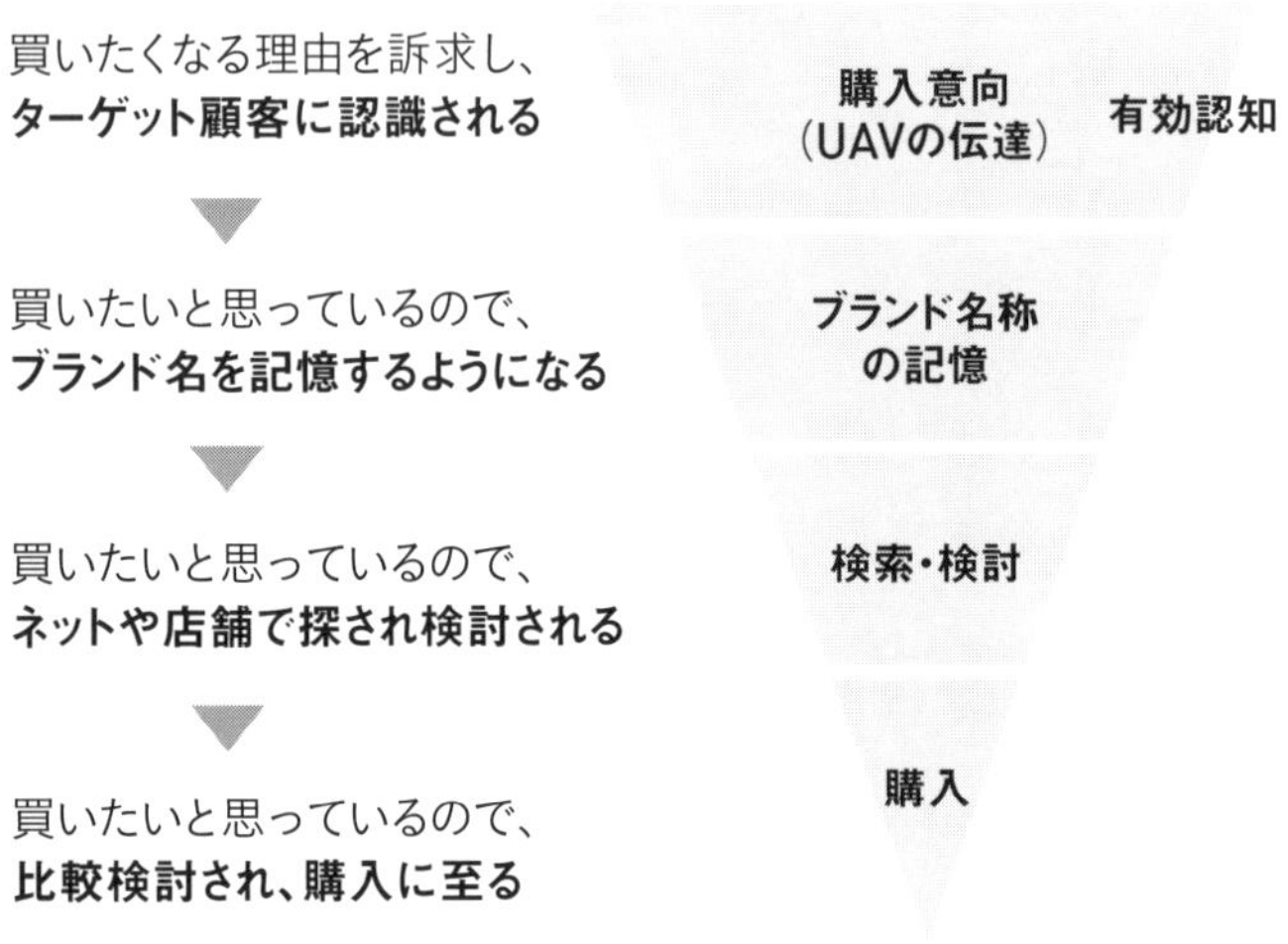
買いたくなる理由を訴求し、
ターゲット顧客に認識される
買いたいと思っているので、
ブランド名を記憶するようになる
買いたいと思っているので、
ネットや店舗で探され検討される
買いたいと思っているので、
比較検討され、購入に至る
購入意向
（UAVの伝達）
有効認知
ブランド名称
の記憶
検索・検討
購入

り口が広く出口に近づくほど狭くなり、漏斗《じょうご》（ファネル）に似た形状をしていることから、そのように呼ばれます。

従来のファネルでは「ＡＩＤＭＡ」（Attention：注目→Interest：関心→Desire：欲求→Memory：記憶→Action：行動）に準じる形で「認知」が入り口となってきました。しかし、それがプロモーション設計を狂わす状況を生んでいます。

そこで私が推奨したいのが、上の図で示しているように、ファネルの入り口の部分を「ＵＡＶの伝達による購入意向の醸成」とすることです。こうすることで、第2章で紹介した認知されても購入につながらない「無効認知」の落とし穴にはまることがなくなります。購入意向を持つ顧客は、その商品やサービスを買いたいという意向があるため、ブランド名を意思を持って記憶しやすくなります。

そして、記憶したブランド名で検索し、ファネルの中間段階「検索・検討」で、詳細な商品説明や口コミ・レビュー、比較情報を入手し、最終的な購入意思決定のステップに入ります。このように購入意向の喚起を入り口とすることで、購入に至るまでのファネルの流れを強化できます。

・「**購入意向の喚起**」：ファネルの入り口の段階。買いたくなる理由を訴求することで、ターゲット顧客の購入意向を高める＝顧客の購入意向が強い状態
・「**ブランド名称認知**」：買いたいと思っているので、ブランド名を記憶するようになる＝ブランドの名称が記憶されている状態
・「**検索・検討**」：商品を買いたいと思っているので、ネットで検索し詳しく調べ、比較する＝購入一歩手前の状態

・「**購入**」：「買いたい」という意思を持っている＝価格を含め検討され購入に至る状態

デジタル施策にUAVを生かせば、高解像度のブランドマーケティングが実現する

ここからはマーケティングの領域を「デジタル」にも広げて見ていきます。

人々の嗜好、興味、ニーズの多様化によって、不特定多数へのアピールを得意としてきたマスマーケティングだけでは、マーケティングが成り立たなくなってきました。一方、ターゲットごとに細やかな運用を可能にするデジタルマーケティングは、その可能性を広げ続けています。実際２０１９年には、日本の広告費においてインターネット広告の出稿費が2兆円を突破し、テレビ広告費を超えたことでも話題になりました。現在も拡大を続けており、23年は3兆３３３０億円と過去最高を更新しています。

目指すべきは、「マスマーケティング」と「デジタルマーケティング」の強みを生かした融合

デジタルマーケティングは正しく運用できれば高い成果が見込めますが、デメリットもあります。それはテレビCMのように、広範囲のリーチ（到達率）を短期間で得るのが難しいという点です。

一方でテレビCMにもデメリットがあります。最も大きいところでは、実施するために必要な予算が大きいことでしょう。全国区でオンエアする場合、一般的に1回の広告投下費用（制作費＋メディア出稿費）として数千万〜数億円単位の予算を必要とします。そのため、年間を通じて継続的にテレビCMに予算を投下できる企業は多くありません。

また、テレビCMを実施できてもクリエイティブ制作費用は、数百万円から数千万円かかることが多く、この金額を鑑みると制作できるCM本数には限りがあります。CM本数が限られるとなると、必然的に対象層が少ない特定の顧客ではなく、広範囲の顧客層を狙うことになります。また、デジタルマーケティングのように、出稿期間中に顧客の反応を見ながら臨機応変に訴求内容を変えるといったこともできません。

そこで目指したいのが、マスマーケティングとデジタルマーケティングのそれぞれの強みを生かした融合です。広告の役割は「需要の喚起」と「需要がある顧客の獲得」、この2つから成ります。需要喚起とは、顧客インサイトに基づいて設計されたUAVを訴求すること。顧客獲得とは、その需要を持つ潜在顧客に対して、購入のきっかけを与えるために行われるものです。

この需要喚起と顧客獲得の両輪を効率的に連携させるには、マスマーケティングとデジタルマーケティングのそれぞれの特性や強みを鑑みた融合が欠かせません。組織横断でマスマーケティングとデジタルマーケティングを融合した最適なマーケティング施策を展開するのが理想の姿です。しかし、残念ながらそこまで進んでいる企業は限られます。マスマーケティングを主務とする広告宣伝部門と、デジタルマーケティング部門がそれぞれ別々のＫＰＩ（重要業績評価指標）を追うなど、事業会社内でのマスマーケティングとデジタルマーケティングの融合は必ずしも進んでいない状況があります。

なぜ融合は進まないのでしょうか。要因の一つに「目的の違い」があります。多くの場合、マスマーケティングは「ブランド認知獲得」や「ブランディング」という言葉を言い訳に、認知をＫＰＩにするため、必ずしも購買につながらない認知（＝無効認知）

を上げることに傾注しがちです。

対してデジタルマーケティングは、「新規顧客の獲得」をKPIにし、「今なら〇〇%OFF」など、割引や特典、季節限定プロモーションに注力するなど、必ずしも商品やサービスの本質的な価値に共感する、潜在ロイヤル顧客の獲得に適した訴求になっていないことも多くあります。

またデジタルマーケティングは、膨大なA／Bテストの結果を基にコンバージョン率や獲得コストの改善のみがKPIとなる「獲得至上主義」に陥り、どのような顧客でも、とにかく広告を経由した新規顧客をいかに獲得できるかを過度に追い求めるケースもあります。その結果、商品やサービスの本質的な価値に共感する顧客を獲得するのではなく、とにかくクリックして購入してもらうことに軸足が置かれるため、真に伝達すべき価値訴求から、逸脱するようになってしまいます。

本来はいずれのマーケティング投資も、ロイヤル顧客になってくれる確率の高い潜在ロイヤル顧客を獲得し、その顧客との長期的な関係構築によってもたらされる売り上げや利益の拡大を目的としています。ところがマスマーケティングは「認知」、デジタルマーケティングは「購入」と役割分担を行っているために、ブランドマーケティングとしてのシナジー創出を阻害しているのです。

　それぞれが、ブランドの本質的な価値を伝達することから離れてしまった結果、マスマーケティングでは、タレントを起用してブランドの名称認知を上げるための広告が流れる。デジタルマーケティングでは、本来ブランドが伝えたい商品やサービスの本質的な価値とはかけ離れた価格訴求やインセンティブ訴求の広告クリエイティブを配信する状況が生まれます。それによって、マスマーケティングでも、デジタルマーケティングでも、商品やサービスのUAVが伝達されないということが起こってしまうのです。ここまでお話しした問題をまとめると、次の3つに集約されます。

(1)KPIの違いにより、部門間で連携や一貫性が不足する

　ブランディングを担当する部署(主にマスマーケティングの担当チーム)と、新規獲得広告を担当する部署(主にデジタルマーケティングの担当チーム)の評価指標がばらばらで、ブランディングのKPIは「認知」、獲得広告のKPIは「獲得」となっている。ブランディングの広告は、ブランドの名称認知を高めるものになり、逆に新規顧客

獲得の広告は、価格訴求などブランドの本質的な価値が伝わらないものに。結果、ブランディング広告と新規顧客獲得の広告は、全く別のブランドの広告のように見えてしまう。

(2)とにかく顧客の獲得数を最大化することに躍起になる

新規顧客獲得数の最大化を目指すあまり、商品やサービスの本質的な価値とは特段関係なくても、目を引きやすいインパクトのある画像や文言をバナー広告に使用する。クリックはされるものの、商品やサービスの価値と、広告から想起される期待との間にギャップが生まれるため、一度購入されたとしても、リピート購入につながりにくい。その結果、持続的な事業成長に貢献しない顧客ばかりを獲得する状態が起こる。

(3)短期的な顧客獲得のみに注力し、需要が枯渇していく

膨大なA/Bテストを繰り返すなど、獲得効率重視の広告ばかりをつくり続け、商品

やサービスの需要喚起に投資が行われていない。結果として、当初は低いCPA（顧客獲得単価）で新規顧客を獲得できていたが、徐々にデジタル広告のCPAが高騰し、マーケティングの投資対効果が合わなくなる。その商品やサービスが欲しい人口を増やすための需要喚起をしなくてはいけないが、顧客の獲得コスト高騰により、収益性を担保できないレベルに上がってしまう。

そこでこうした状況を改善するために、我々が検証を進めているのが、「WHO（誰に）」と「WHAT（何を）」を2種類に分け、マスとデジタルを融合するアプローチです。本書では、アプローチする対象を「マクロWHO／WHAT」と「マイクロWHO／WHAT」という名称で分類し、考えていきます。

"広く、深く"顧客を捉える「マクロWHO／WHAT」×「マイクロWHO／WHAT」

「マクロWHO／WHAT」とは、自社の商品やサービスを購入する可能性があると考えられるすべての顧客を対象としたマーケティングアプローチです。マクロWHATをUAVとし、対象となるマクロWHOに対して施策を展開していきます。

一方、「マイクロWHO／WHAT」は、マクロWHO／WHATを土台にしながら、より細分化した顧客を対象に行うマーケティングアプローチです。言い換えると、「マクロWHO／WHAT」はマスマーケティング」、「マイクロWHO／WHAT」はデジタルマーケティング」と位置づけることができます。

マーケティングを展開する上では、マスマーケティングが得意とする「マクロ」だけでも、デジタルマーケティングが得意とする「マイクロ」だけでもだめで、両方を融合させる必要があります。そうすることで、ブランドとしての整合性を保ちつつも、マスとデジタルが融合したマーケティングを展開することが可能となります。

■「マクロWHO／WHAT」と
「マイクロWHO／WHAT」の概念図

最大公約数

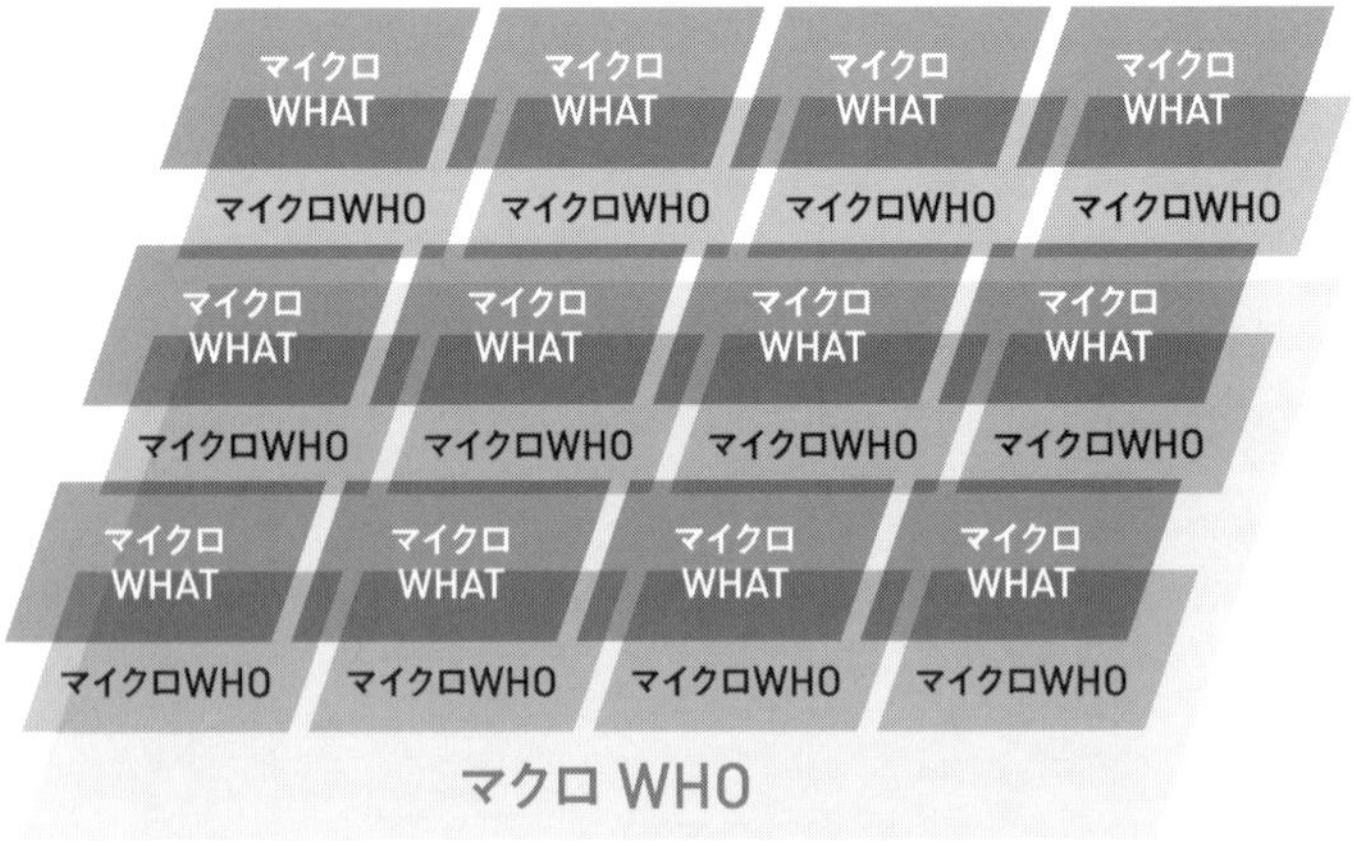

最大公約数&個別最適化

「マクロWHO/WHAT」はマスマーケティング、「マイクロWHO/WHAT」はデジタルマーケティングと位置づけられるもう少しなぜ、「マクロWHO／WHAT」と「マイクロWHO／WHAT」の掛け合わせが大事か掘り下げましょう。デジタルマーケティングでの一般的なA／Bテストの課題は、マクロWHO／WHATの土台がないまま、担当者の仮説ベースでA／Bテストを繰り返し、ひたすらコンバージョン率を上げることが目的になることです。

乱暴な言い方をすると、コンバージョン率がゴールになると、新規顧客が獲得できればいいと手当たり次第の訴求や表現になります。すると「誰に、どんな価値を届けるブランドなのか」といったブランドの輪郭がぼやけます。それでは、商品やサービスの本質的な価値（UAV）を訴求することで可能になる需要喚起を期待できず、顧客に一貫した価値認識を持ってもらうブランディングも難しくなります。

マクロとマイクロのWHO／WHATの設計は、顧客理解に基づいて行います。マクロWHO／WHATの活用が適切なのは、テレビCMなどのマス媒体を活用し、想定しうる最大公約数の顧客を対象とした発信です。ただしこの時に注意したいのは、やみくもにブランド名称認知を高めようとするのではなく、広告クリエイティブにUAVを反映し、ターゲットがその商品やサービスを「買いたくなる理由」を伝達することです。それによって、1GRP（延べ視聴率）当たりの顧客獲得数の最大化を図ります。

マイクロWHO／WHATは、マクロのWHOで設定した顧客層を土台として、マイクロのWHOをさらに細分化して設計します。そして、それぞれのWHOに個別最適化したWHAT（UAVを土台に、その顧客のインサイトに合わせたメッセージに調整したもの）の発信を行い、自分事化を強化します。マイクロWHO／WHATは、特定の顧客セグメントに向けた最適設計となっているため、CPAの改善が見込めます。

マクロとマイクロのWHO／WHATは、顧客（WHO）と、商品・サービスのUAVを基にマスとデジタルを融合することで、それぞれのKPIや手法論に閉じず、マスとデジタルの双方の利点を生かした需要喚起と顧客獲得効率の向上の両立を可能とします。このアプローチがマクロWHO／WHATとマイクロWHO／WHATの掛け合わせによる妙と言えます。

「マクロWHO／WHAT」と「マイクロWHO／WHAT」の設計方法

不動産投資サービス「RENOSY（リノシー）」を運営するGA technolo

giesを例に、マクロWHO／WHATとマイクロWHO／WHATの設計方法について説明しましょう。GA technologiesは創業からわずか5年で東証グロース市場（旧：マザーズ市場）に上場し、売り上げは1000億円を超えるなど、驚異的なスピードで成長しているベンチャー企業です。同社が提供するRENOSYは、AI（人工知能）などのテクノロジーを活用し、不動産の購入・管理、その後の売却までオンラインで一気通貫した顧客体験を提供する不動産投資サービスです。

不動産投資は、高単価のリスク商材という特性上、潜在顧客は他社サービスと入念に比較検討することの多いカテゴリーです。そのためRENOSYがさらなる事業拡大を目指すためには、他社が模倣しにくい構造的な優位性をつくり出す必要がありました。そこで同社は22年末、構造的優位性を持たせたマクロWHAT、すなわちUAVの開発を始めたのです。

UAVの開発に当たり、まず、RENOSYの強みを洗い出しました。不動産投資は不慣れで不安を持つ人も多いため、顧客は物件選定の判断に対して信頼に足る理由がなければ、不動産投資を行うことはできません。RENOSYは中古マンション投資において、国内ナンバーワンの販売実績データを有し、そのデータを基に物件選定を行っています。それが顧客にとっては、投資用不動産物件を選ぶ際の安心感となっているので、まずこれがUAVの候補になるのではないかと仮説を立てました。

その後、定量調査を行い、この強みが多数の潜在顧客にも支持されることが分かったので、「中古マンション投資において、国内ナンバーワンの販売実績データを基に、AIが収益性の高い物件を厳選し、確度の高い不動産投資ができる」というUAVを定義しました。豊富な販売実績データを有していることはRENOSYの構造的な優位性であり、それを基に安定した不動産投資を提供できるのは、他社が模倣しにくい強みです。現在はこのUAVを前面に打ち出し、サービスを訴求しています。

次にUAVを軸とした、マイクロWHO／WHATの開発に取り組みました。マイクロWHO／WHATは、GA technologiesが得意とするデジタルマーケティングの領域で特に有効です。ターゲティングとクリエイティブの精緻な出し分けが可能だからです。

マイクロWHOの一例として、首都圏に住む一人暮らし会社員で「将来のファイナンシャルプランが見えないことが漠然と不安。資産運用に取り組みたいが、必要性・緊急性が低く、手持ちの資産が少ない」セグメントを、定性・定量調査の結果から定義しました。このセグメントは預貯金も多くないため、「不動産投資にはお金がかかる」というイメージが心理的バリアになっていました。

実際には、RENOSYが提供しているワンルームマンションの不動産投資は、物件を購入するためのローンのほとんどを家賃収入で返済できるため、月々の実質費用負担は、1万円程度で収まります。そのため「不動産投資にはお金がかかる」という心理的なバリアを取り払うために、「月々1万円で、確度の高い不動産投資ができる」ことを打ち出したデジタルマーケティング施策を展開しました。

現在同社はマイクロWHO／WHATを複数作成し、日々PDCAを回しています。マイクロWHO／WHATを定義したことで、どのセグメントにどのようなメッセージを打ち出したらよいかが明確になり、それらがクリエイティブ制作に携わるメンバー全員の共通認識になりました。

それにより、マイクロWHO／WHATの取り組み前後で、同量のクリエイティブの制作本数の中で、ヒットクリエイティブ（一定のROAS【広告の費用対効果】を超えた効果の高いクリエイティブ）の本数が5倍にも増え、デジタルマーケティングの効果が大きく改善しました。

RENOSYの例

マクロWHO／WHAT

WHO：株・投資信託などの投資経験があり資産形成の意識が高い会社員。または、不動産投資に興味があり情報収集している会社員

WHAT：国内ナンバーワンの販売実績データを基に、AIが収益性の高い物件を厳選し、確度の高い不動産投資ができる

マイクロWHO／WHAT

WHO（セグメント）：首都圏に住む一人暮らし会社員（20～30代前半／独身／年収500万～600万円／投資スタンスは守り）。将来のファイナンシャルプランが見えないことが漠然と不安。資産運用に取り組みたいが、必要性・緊急性が低く、手持ちの資産が少ない

WHO（インサイト）：

・将来の見通しが立たないので、今の給料や貯金で十分なのか漠然と不安。現在生活には困っていないし、急いで資産を増やす必要もないので、あえてリスクの高い投資をしようという気持ちになれない

・現在貯金もなく、元手となる資金がないので、まずは貯金をしないと投資は始められないだろう。不動産投資は50〜60代で原資となる貯蓄がある人がするものだと考えている
・同世代よりも収入が高い自分は要領よく、「賢く働く」「賢く稼ぐ」ことは大事だと思っている

WHAT：
・国内ナンバーワンの販売実績データを基に、AIが収益性の高い物件を厳選。月々1万円から始められる、確度の高い不動産投資（少額訴求）
・国内ナンバーワンの販売実績データを基に、AIが収益性の高い物件を厳選。新NISAでの投資信託と同様にほったらかしでできる、確度の高い不動産投資（流行・タイパ訴求）

精緻なターゲティングや、複数クリエイティブの出し分けが難しいマスマーケティングでは、想定しうる最大公約数の顧客に向けて購入意向を高めるクリエイティブを展開する必要があります。一方デジタルマーケティングは、性別や年齢、職業、嗜好性など、

属性に応じた精緻なターゲティングができます。

その利点を生かし、ブランド戦略との一貫性を保ちながらも、テレビCMのような最大公約数的なメッセージではなく、より詳細な顧客セグメントごとのインサイトやニーズに最適化された広告クリエイティブを作成し、出し分けを行います。そうすることで広告効果を最大化するのです。

メガブランドは特に意識したい「マイクロWHO／WHAT」

大きなブランドやロングセラーブランドであればあるほど、マクロWHO／WHATだけではなく、マイクロWHO／WHATの設計が求められます。なぜなら、すでに想定しうる顧客の大部分にリーチし、ブランド認知の獲得ができているからです。複数のマイクロWHO／WHATに深くアプローチしなければ、売り上げの伸びしろは期待できません。

その点、特定したマイクロWHO／WHATに対してプロモーションを行っていくことで、メガブランドを段階的に成長させていくことが可能になります。

基本的にテレビCMの効果は、同一商品やサービスでは、回数を重ねるごとに減衰の傾向を示しやすいことを知っておくとよいでしょう。私のこれまでの経験では、テレビCM投下時の購買への影響力は、2回目の投下ではその効果が初回の約70％に減少し、3回目ではさらに2回目の約80％まで落ち込むといった傾向が見られました。

マクロのWHO／WHATを訴求したあとは、複数のマイクロWHO／WHATに優先順位をつけ、段階的な働きかけが必要になるわけですが、この時よほど大きなマイクロWHO／WHATでない限り、テレビCMではなく、より精緻なターゲティングができるデジタルマーケティングを通じたアプローチの方が投資対効果が高くなる可能性があります。

今の時代、デジタルマーケティングを有効活用しないという選択肢はありません。マクロWHO／WHATを基に、マイクロWHO／WHATによるターゲティングとクリエイティブ開発を行うことで、マスマーケティングとデジタルマーケティング両面から一貫したブランド認識の構築と強化ができます。それにより、マーケティング活動のシナジーを最大化し、投資対効果の最大化を図ることができるようになります。

第6章

強いマーケティング組織をつくる3つのポイント

持続的に売り上げを伸ばすマーケティング組織づくり・人材育成方法

最終的に買う、買わないを決めるのは顧客です。売り上げの源泉が顧客である以上、企業は購買の意思決定権を持つ顧客に選ばれなくてはなりません。本書では顧客に選ばれ続ける鍵となるものが、UAVだとお話ししてきました。

UAVの開発・強化は、持続的に売り上げを伸ばし、ブランドの強化を図る上で、継続的に実践していくべきものです。そのためにはマーケティング戦略の策定と実行を社内で運用できる仕組みづくりや、人材育成にも取り組んでいく必要があります。

本章では、UAVマーケティングの考え方に基づいた本質的なマーケティングを実践する組織の強化・人材育成についてお伝えします。

様々な企業を支援する中で、プロダクトアウト（顧客のニーズ起点ではなく、技術やアイデアを起点に商品やサービスを開発・販売すること）で事業成長してきた会社が、自社のブランドやマーケティングを推進できる人材育成や、マーケティング組織づくりに課題を抱えていることが分かってきました。マーケティング人材を育成できると、社内で顧客理解に基づいた戦略策定や施策実行の運用ができ、事業成長を加速させられるので、しっかりと取り組んでいきたいところです。

では、マーケティング人材の育成・組織強化に取り組むにはどうすればいいのでしょうか。ポイントは3つあります。

(1)**理論の実践**：UAVマーケティングの考え方に基づいてマーケティング戦略の策定と実行について、実務を通して実践しながらノウハウの理解を深める

(2)**仕組み化**：UAVマーケティングの考え方に基づいた戦略を策定し、その戦略を正しく実行するための意思決定原則の整備など、組織が一体となってUAVマーケティングのPDCA（計画、実行、評価、改善）を回せる仕組みを構築する

(3)**人材育成**：マーケティング人材として素養のあるメンバーを見極め、繰り返し実践し、UAVマーケティングのプランニング精度を高めることで育成・強化する

この3つについて、さらにそれぞれ押さえておきたいポイントを紹介していきます。

（1）「理論を実践する」ポイント：「分かる」から「できる」を目指す

まず、組織に本質的なマーケティングを根付かせる方法です。よくお話しするのは、マーケティングが「分かる」と「できる」は違うということです。外部のプロフェッショナルに依存せず、自分たちでマーケティング課題を理解し、戦略を立てるには「分かる」と「できる」の2つの壁を乗り越えていかねばなりません。

マーケティングが「できる」ようになるには、スポーツと同じで、ノウハウを実践の中で身に付けていくことが大切です。「バットの芯にボールを当てる」ことがホームランを打つために必要だと分かっても、練習しなければホームランを打てないように、マーケティングもやり方や考え方が分かるだけでなく、相応の訓練をしなければなりません。座学で理論を学ぶことも必要ですが、それ以上に実務で打席に立ってバットを振ることで理解を深めることが大事です。

また選手がコーチの指導を受けるように、マーケティングもコーチのサポートがあると、ステップごとに押さえるべきポイント、成果を最大化するために必要な精度を確認できるので、正しいやり方をスピーディーに身に付けやすくなります。

その意味では、社内だけで取り組むのではなく、外部のマーケティングの専門家が伴走するのがよいでしょう。正しいやり方を実践することで、正しい「型」の理解と、活用方法をスピーディーに体得できます。

当社が支援する際は、支援先企業の代表的なブランドなど特定のブランドをピックアップし、支援先と当社がワンチームとなり、該当ブランドのUAVを設計します。そして、UAVに基づいた施策の実行ができるように、伴走型のプログラムを展開します。

伴走型プログラムとは、UAVマーケティングの戦略策定から戦略実行までを自社で正確に運用できるようにするためのプログラムのこと。約6カ月のプログラムの中で、UAVマーケティングのフレームワークの概要や、UAVマーケティングのフレームワークに基づき、策定した戦略を施策に落とし込んでいく手順、施策を実行する際の注意すべきポイントを習得してもらいます。そのプログラムには社内の他のブランドの担当者も参加し、一連の流れを見ながらUAVの開発方法を学んでもらいます。

支援の具体的なケースとしてMizkan（ミツカン、愛知県半田市）の事例を紹介しましょう。同社は、UAVに基づいたマーケティングの展開だけでなく、社内のマーケティング組織と人材の育成・強化を目指していました。

そこで当社が伴走する形で、マーケティング担当者、開発担当者が一堂に会するセッションを実施することになりました。セッションでは、ミツカンの代表的なブランドをピックアップし、担当者に伴走しながら、ターゲット顧客の選定、ターゲットインサイトの特定とUAVの開発、UAVに基づく実行プランを策定。参加者はその一連のプロセスをプロジェクトに参加しながら実践を通して学んでいきます。その後、各参加者が、学んだフレームワークを活用してそれぞれの担当ブランドの戦略策定を行い、当社からフィードバックを受けます。

同社では、マーケティング部門のメンバーだけではなく、研究開発のメンバー側にもUAVマーケティングの意識が浸透し、組織に変化が起こっています。実際、このセッションの後では、技術開発のメンバーが、主体的にUAVフレームワークを使って新しい商品アイデアを出すようになったそうです。

ミツカンのように実践を重ねながら、組織全体にUAVマーケティングのノウハウを根付かせ、「分かる」にとどまらず、「できる」状態を目指すこと。これが、UAVマーケティングのフレームワークの実践と伴走による人材や組織のマーケティング力強化のポイントとなります。

段階に分けて、習熟度合いを確認する

マーケティングが「分かる」から「できる」に変わるまでに、大きく4つのステップを経ます。まず1人目のリーダー人材を育成することで、これまでマーケティングの部署がなかった企業でも、自社でUAVマーケティングを実践できるようになります。早ければ約2年で担当者が独り立ちし、マーケティングプロジェクトの推進者となることが期待できます。

以下はマーケティング担当者の成長過程を4つのステップに分けたものです。このステップに照らして、マーケティング人材の習熟度合いを測ることができます。

・**第1ステップ**：マーケティングコーチがリードするプロジェクトについていく。担当者は実践を通じて、UAVマーケティングのフレームワークと実行

の手順を理解する

・**第2ステップ**：UAVマーケティングの理解はあるが、単独でUAVの開発と施策化を行うことは難しい。マーケティングコーチが伴走し、適宜、助言や指導を受けながら、担当者主導でフレームワークを実践する

・**第3ステップ**：UAV開発から施策化までの手順や実行方法は分かるが、大きな成果を出せるまで習熟しているとは言えない。中身の精度に対して、コーチからフィードバックやインプットを受けることで成功の確度や度合いを高めていく

・**第4ステップ**：UAV開発から施策化まで、フレームワークに沿ったプロセスだけではなく、中身にどの程度厚みを持たせなければいけないのか、自分だけで判断できるようになる。マーケティングコーチからのアドバイスや助言がなくても大きな成果が出せるようになる

(2)「仕組み化」のポイント：UAVの共通理解を持ち、UAV起点で判断・連携する

組織内で意思統一を図る際、戦略の共通理解はとても重要なものです。それに最も適しているのは、UAVの策定に他なりません。当社の支援先も自社のUAVを開発し、組織内での共通理解、共通言語が整ったことで事業成長を遂げています。

一つ事例を紹介しましょう。とある支援先では以前「○○が強みではないか」「いや、△△が大切ではないか」「□□こそが、自社の最大の特徴だ」と、自社の価値と考えられる仮説が複数ありました。そのような仮説は、部門をまたぐとさらに増え、個人の視点や思いも含め担当者の数だけ存在していました。結果、組織として選択と集中ができていなかったのです。

そんな中、すべての仮説を洗い出しUAVを開発するための顧客調査を行ったところ、10個近くあった仮説（戦略オプション）の中でも、顧客が共感・共鳴したものは2〜3個に絞られることが分かりました。ほとんどの仮説は顧客視点で見ると、特段、興味関

心の対象ではなかったのです。

同社は、顧客調査の結果を受けて「これが当社のUAVである」と判断できたことで、10個近くあった戦略仮説のうち、7〜8割の仮説を捨てることができました。さらに戦略オプションを絞り込み、確定させるために定量調査を行いました。こうしたプロセスを通してUAVを確定することで、組織として注力すべき方向性を固めることができたのです。

同社ではUAVを見いだせたことで、部門をまたいで全社が一丸となり、あらゆる状況において自社のUAVに即した選択と集中ができるようになりました。このようにUAVの開発を通じて、自社の顧客は誰で、その顧客に自社ならではの価値として何を提供すべきかが理解されていくようになります。

UAVマーケティングを実施する際は、複数の部門が連携して、商品と広告の両輪で顧客へ価値を提供していく必要があります。そのためには、UAVの共通理解を持ち組織の求心力を高めることが重要です。

また、UAVの開発に加えて共通のプロセスや、意思決定原則の導入も重要です。本質的なマーケティングの考え方が社内の共通言語として根付いていくと、部署間の連携が円滑に進むようになります。

ただし、前述したように日本企業の多くではマーケティング部であっても、実際にはマーケティングの一部の権限のみを担っているケースが多くあります。特に、マーケティング部門の権限が広告宣伝に限定される場合は、商品やサービス開発に関する部分は権限範囲外とされ、マーケティング活動全体の中では、限定的な活動しかできないことも多いでしょう。

そのような状況下では、商品と広告宣伝の両方を見る立場にある事業責任者が、担当事業のUAVを事業部全体に共有し、UAVに基づいて商品開発や強化、そして広告宣伝を行うまでの指示や意思決定をすることが求められます。それが結果として、顧客インサイトの理解に基づいた本質的なマーケティングに、組織が一丸となって取り組んでいくことになります。

「顧客の生の声」を共有し、意思決定プロセスを変えていく

何かを変革する際、組織の中に抵抗や反発が生じるのは、ごく当たり前のことです。

だからといって、プロダクトアウトの社風の中で、顧客インサイトの理解に基づいたマーケティングを根付かせることは不可能ではありません。意思決定のプロセスも、「顧客の生の声」を共有することで、顧客インサイトに基づく意思決定プロセスへと変えていくことができます。架空のケースで、よくある事象を説明します。

もともと創業者自身が深い顧客インサイトの理解と洞察を持ち、一代で売り上げ数千億円規模になった会社がありました。

創業者は、これまで数多くのヒット商品を生み出し成功を収めてきた人物。自身の成功体験を基に、日ごろから現場の担当者に、新商品の内容や広告について様々な注文をしています。しかし創業者と顧客層との間で年齢差が開いたこともあり、創業者が下した意思決定が、顧客から求められているニーズと乖離《かいり》することが増えてきました。現場の担当者は、顧客インサイトの理解に基づいたプランを提案しているものの、創業者はなかなか首を縦に振ってくれず、行き詰まりを見せています。

こうした時、私がよくお勧めするのは「顧客の生の声」を共有することです。仮に、UAVに基づいてつくったプランA、既存コンセプトのプランB、創業者が描くプランCがあったとしたら、それぞれのプランを顧客調査にかけます。そして、各プランに対して顧客はどのような反応を見せたか、その顧客の声をありのまま見せるのです。

顧客の生の声に接すると、創業者も自身の考えが顧客の求めることと乖離していると認識します。すると最初のうちはかたくなだった創業者も、次第に現場の意見に耳を傾けるようになります。そこからさらに「顧客の多くがＵＡＶに基づいてつくられたプランＡを好んでいる」という顧客調査の結果を示して、意思決定を促すのです。このように合意形成を図る時に、顧客の生の声を見せるのは有効です。それによって顧客のインサイトや、自社のＵＡＶの理解者が増えるからです。

顧客インサイトの理解を促す際に、インターネットやＳＮＳの書き込みなどから「顧客はこういう意見を持っている」と見せる方法もあります。しかし、あまりお勧めできません。なぜなら「それは本当に代表性を持つ意見なのか」「自社のターゲット顧客の声ではない」などと反論されてしまい、さらなる反発を招くことがあるからです。

対象ターゲットの中から代表性が高い顧客を数名、丁寧に抽出し、適切な調査設計に基づいて調査することで「精度の高い顧客の生の声」を理解できるようになります。すると、ビジネスの勘所を心得ている人であればあるほど、顧客の評価が売り上げにどう関わるか身に染みて分かっていますから、おのずと軌道修正を図ろうとする方向に進みます。

こうしたケースに限らず、社内の意見が割れてしまう時は、顧客の生の声を聞いてもらうのがよいでしょう。地道に顧客インサイトの共通理解を促していくことで、会社の意思決定も徐々に顧客のインサイトを反映する形にシフトしていきます。

商品開発から広告宣伝まで、一貫できる体制を目指す

統合的なマーケティングは、様々な部署との連携で成り立ちます。ただし企業の組織構成によって、マーケティング機能や活動のあり方は変わります。

日本の多くの企業は、商品開発部、営業部と縦割りの組織構成です。マーケティングを組織構成のどこに位置付けるかで、マーケティング機能の貢献・効果に違いが出ます。

例えば、マーケティングチームが営業部側に入っていれば、商品開発に関与しにくくなり、逆に商品開発側だと営業に対する関与が弱くなります。本来、マーケティングは組織横断の活動が必要ですが、部署の壁によってそれが難しくなるのです。

マーケティングが組織の中で十分な成果を発揮するには、マーケティングチームが商

品開発と営業の両方に関われる組織構成になっていることが重要です。理想は事業部の中にマーケティング部門を配置し、商品開発と広告宣伝の両方に関われる組織構成とすることです。経営企画部のように、組織をまたいでマーケティング部門を配置する形もお勧めです。

事業によってあるべき組織の考えは異なるため、経営判断が必要なことではありますが、組織構成がマーケティング機能や成果に大きく影響を及ぼすことを理解しましょう。

(3)「人材育成」のポイント：必要な素養を持った人材を見極める

ポイント（1）で、マーケティングが「分かる」ことと「できる」ことは違うという話をしましたが、これはマーケティングの人材育成にも当てはまります。マーケティングが「できる」ようになるには、実務の中で実践を重ねてスキルを身に付けていくことが重要です。それにはやはり経験を積むことが大切で、すぐに「できる」ようにはなりません。

マーケティングに配属された新人が、自分だけで一通り回せるようになるまでに早くても2年、平均して4年ぐらいを要します。一人前になるには、それぐらい時間がかかるものだと理解し、数年スパンで人材育成を考えていく必要があります。

マーケティング人材育成に関して、「どのようなスキルを身に付けてもらえばよいか分からない」「マーケティング人材をどう評価したらいいのか分からない」といった悩みを聞くことがあります。そのような時は、マーケティング人材に必要なスキルの全体像を把握すると、理想的なマーケティング人材のスキルセットが明確になるため、具体的な育成プランを立てやすくなります。

まず、マーケティング人材育成の大前提として、必要な素養・資質を持った人材を見極めることが大事になります。マーケティング人材に求められる素養は、大きく捉えると「戦略策定能力」と「戦略実行能力」の2つ。この素養を備えた人材を見極め、育てるのが重要です。この素養を持った人材を採用・起用することで、優れたマーケティング人材の育成が可能になり、組織のマーケティング能力が向上します。

●戦略策定能力

・**戦略的思考力**：目的から逆算思考で戦略要件を導き出せるか

・**データ、インサイト分析力**：課題に直結するデータを見抜き、正しく理解し、戦略策定につなげられるか（複数のデータを見て必要な要素をつなげ、顧客インサイトの理解に基づいたストーリーがつくれるか）

●戦略実行能力

・**リーダーシップ**：目的達成に向けて、様々な障壁を乗り越え必要な変化を起こせるか

・**コラボレーション**：メンバーの強みを引き出し、チームの能力を最大化できるか

マーケティング業務は関わる領域が広く、プロジェクトマネジメント、顧客調査・データ分析、クリエイティブ開発・判断など、領域によって求められる素養が異なります。そのため、所属するメンバー個々の素養や適正を見極めて、それぞれの能力を最大限発揮できるポジションに配置することが、強いマーケティング組織をつくる鍵を握ります。

マーケティング人材を育成する「スキルチェック表」

ここからは当社がマーケティング人材育成・組織強化の支援を行う際に用いるスキルチェック表の一部を紹介します。このスキルチェック表は、事業会社のマーケティング担当者に必要なスキルを俯瞰《ふかん》できるようにまとめたリストとなっています。

各スキルの到達度合いは次の3段階で評価します。

A：チームをリードできて、精度高く、スムーズにプロジェクトを推進できる
B：本人がやるべき手順を理解していて、施策を実行できる
C：経験が浅く助言やサポートを要する

マーケティングに携わる担当者は、最終的にすべての項目において「A」が取れるようになることを目指して取り組みます。スキルチェック表に沿って自己評価と他者評価を行い、スキルの抜け漏れがないか、また今後、注力して強化すべきスキルを明確化し、

■マーケティング担当者に求められるスキル一覧

カテゴリー	スキル	内容	評価
目標と目的設定	目標設定	目標を定義できる	
		事業目標を達成するKPI(重要業績評価指標)/数値目標(売り上げ、利益、顧客数、リテンションレート〈サービスの継続率や定着率を数値化したもの〉など)を設定する	
	目的設定	目標を達成するためにマーケティングで解決すべき課題を定義し、プロジェクトの目的設定ができる	
WHO/WHAT/HOW	**ターゲットインサイトの理解(WHO)**		
	ターゲット設定・理解	プロジェクトの目的や目標を達成するために最適なターゲット顧客を設定し、そのターゲット顧客のインサイトが理解できる	
	定性・定量の調査スキル	顧客インサイトから戦略を導く効果的な調査設計をデザインし、調査を実行し、戦略的示唆を抽出できる	
	UAV開発(WHAT)		
	コンセプト設計	UAVを見いだすための効果的なコンセプト案を複数作成できる	
	施策企画・実行力(HOW)		
	施策企画力と実現力	戦略を具現化するための実行可能な施策を立案し、実行指揮ができる ・商品開発のディレクション ・販路戦略のディレクション ・価格戦略のディレクション ・メディアプランニングのディレクション ・広告クリエイティブのディレクション	

評価	評価内容
A	チームをリードできて、精度高く、スムーズにプロジェクトを推進できる
B	本人が手順を理解していて、施策を実行できる
C	経験が浅く助言やサポートを要する

スキルの向上・強化を目指していきます。

スキルチェック表は各メンバーの資質や適性を見極めるために活用したり、スキル開発のフォーカスエリアを決めたりするときに用います。また、個々人のマーケティングキャリアの設計にも活用できます。


本章では、強いマーケティング組織を構築する際のポイントを説明してきました。顧客に選ばれ続ける理由となるUAVを見いだすこと。これは持続的な事業成長の鍵となる重要なものですが、戦略を「絵に描いた餅」としないためには、組織が一体となり戦略をスピーディーに精度高く実行し、効果を最大化できる仕組みづくりが必要です。

ブランドの継続的な強化を図るには、目先の売り上げ向上だけではなく、中長期的な視点に立ち、組織基盤を整えることが大切です。

スペシャル対談②

AIで「平均化」が加速するからこそ、企業にはUAVが必要になる

note CXO(チーフ・エクスペリエンス・オフィサー)
/THE GUILD 代表取締役

深津貴之氏

インタラクションデザイナー。thaを経て、Flashコミュニティーで活躍。2009年の独立以降は活動の中心をスマートフォンアプリのUI設計に移し、Art＆Mobile、クリエイティブファームTHE GUILDを設立。現在はnoteのCXO、横須賀市のAI戦略アドバイザー(24年4月時点)など、領域を超えた事業アドバイザリーも行う。執筆、講演などでも精力的に活動

AI時代に勝敗を分ける要因とは

彌野泰弘氏（以下、彌野） 深津さんは、早くから生成AI（人工知能）に注目し、AIの活用について政府のアドバイザーを務め、SNSや講演などを通じて多くの知見を共有しています。そんな深津さんから見て、これからのAI時代、マーケティングはどのように変化していくと考えますか？

深津貴之氏（以下、深津） マーケティング領域に限らず、多くのビジネスで、差別化が難しくなっていくだろうと考えています。これまでは、それぞれの企業が切磋琢磨し「100対80」といった能力差で勝負できていたかもしれません。しかし、これから企業が積極的に生成AIを業務に取り入れていくと、「1万100対1万80」のように、AIを導入している企業のレベルが飛躍的に向上します。つまり、人力では誤差と言えるような差しか生まれなくなります。

彌野 人間が努力で生んでいた差分が、AIによる異次元の飛躍で差が埋まってしまうと。実際に、これまで1時間かけて頑張って作っていたクリエイティブやコピー案が、AIだと数分で50パターン、100パターンと量産できる時代は驚異的だなと思います。

ところで、AIで置き換えられそうな仕事にはどのようなものがありますか?

深津　習得にコストや時間がかかるような、知識を提供している業務が最も変換されやすいですね。例えば、5000時間の実習が必要、習得に4年を要するなどの業務です。加えて、解答が厳密ではなくても許容される仕事。文章を丁寧にする、アイデアを複数出すといった業務もAIの得意領域です。

一方で、現状置き換わるのが難しいと考えられるのは、「物理的な作業（機械による作業など）」と「知的な作業（人間の知識が介在する作業）」が交互にスイッチするもの。例えば、「インタビューをしてまとめて（知的な作業）→プリントして人に見せる（物理的な作業）」、「調理ロボットが作業（物理的な作業）をする合間に、プロの料理人が上手に焼く工程（知的な作業）がある」のようなものです。

また謝罪や意思決定など、人のアイデンティティーやプライドに関わるような、人間の感性に寄り添う必要がある業務も、現状はAIが行うのは難しいと感じています。

彌野　マーケティングにおいて重要とされる、顧客のインサイトを理解する業務はいかがでしょう?

深津　平均的な最適解は導き出せると思いますが、企業ごとやプロジェクト単位など、個別最適化した答えを導き出すことは、現状だと難しいでしょう。

ユーザーインタビューや調査から得たデータが膨大にあれば、それをＡＩに機械学習させることである程度は実現できますが、データ量が少ないとＡＩを効果的に活用するのが難しくなります。

彌野　ＵＡＶマーケティングでは、顧客調査の結果から、お客様がその商品やサービスの何に価値を感じているかを見つけ出し、それを磨いてマーケティング戦略策定に生かしていきます。人間が物理的に顧客調査を行う以上、やはりどうしても回答量には限界が生じるものです。現時点では、ＡＩがブランドのＵＡＶを導き出すことは難しいと言えますね。

深津　ＡＩに汎用的な最適解を示してもらった上で、個々のブランドごとの独自性は人の手で導き出す。この両軸で進めるのが、現状の運用としては最適なのではないかと思います。

彌野　テクノロジーで時間を短縮したり、精度を高めたりしながら、最も重要な「独自性」にひもづく部分は人間の手で行うということですね。

深津　その通りです。しかし、今後さらにＡＩが進化することは確実ですし、時間が経てば経つほど、ビジネスにおけるＡＩへの依存度が高まります。作業効率が飛躍的に改善し、競合他社との差はほぼなくなるでしょう。ですから、最終的には「ＡＩが関与できない外部要因」が勝敗を分けることになります。

ＡＩが関与・寄与できない領域

彌野　「ＡＩが関与・寄与できない外部要因」には、具体的にはどのようなものがありますか？

深津　デジタルには踏み入れない領域が挙げられます。店舗などの立地、資金力、特許、歴史など。また、働く人や企業文化もＡＩが関与・寄与できない部分ですね。

これはカードゲームで例えると分かりやすいです。全プレイヤーが同じ能力のＡＩだとすると、勝負を決める要因は、たまたま配られた最初のカードの配置となる。つまり「もともと持っていたもの」になるわけです。

彌野　勝負はＡＩではなく、各企業が持つ独自性で決まるということですね。初期配置と聞くと、一見、歴史も資金もある大企業が有利になるように感じます。

深津　もちろんそうしたケースもありますが、必ずしもそうではありません。新興企業でもＡＩを駆使することで、十分独自性を生み出すことができます。例えば、大企業が大人数を割いている事業を、ＡＩを駆使して少人数で実行できれば、その分人件費をかけずに済みます。少人数の新興企業であっても、高品質のサービスを、競合他社より安い価格で提供できるかもしれません。これも独自性になるわけです。

彌野　なるほど。旧産業が業界慣習や雇用構造で身動きが取れない部分において、構造的優位性を確保できれば、それも独自性になりえますね。

ですが、ただ独自性があればいいというものでもありません。それが顧客の便益に転換されないと、ＵＡＶにはならないというのもポイントです。「業界内でのしがらみがない」「競合他社と比べて固定費が安い」といった理由が、必ずしも商品を選ぶモチベーションにはならないからです。

「納期が早い」「どこよりも品質が優れている」など、独自性があるゆえに実現できる構造的な優位性を、顧客の便益に転換しなければいけません。

深津　ＡＩの観点から他に差が付けられる部分で言うと、「実行」があります。ＡＩが

100点の戦略をつくってくれたとしても、実際に手を動かす人間がその通りに実行できるかは別問題だからです。

彌野　今のところ、AIで組織を動かすことは難しいですからね。個々人の能力や感情など、必ずしも合理的ではないことが絡んできます。

また、AIがつくった戦略を評価し、選定する部分にも属人性が出ますね。

深津　AIでどの企業も95点が取れるようになるとすると、人間が残りの5点を稼ぐ処理を行い、そこで勝敗が決まるという世界になりそうです。

彌野　データ化しにくい顧客のインサイトから導き出すUAVと、かつては〝悪〟とされてきた属人性。この2つが、これからの生成AI時代の勝負を分ける差別化要因になっていきそうですね。

深津　まさに私もそう考えています。

ビジネスは4レイヤーに分かれ、多くは平準化する

彌野　差別化要因があるとはいえ、一定のラインまでAIが答えを出せるようになれば、

どの企業でも平均点を取ることは簡単になるでしょう。そうなると企業のあり方が大きく変わりそうです。

ビジネスをマスに広げようとすると、大多数が好む平均的な商品を大量生産する形に行き着きます。ユニクロがその方向で全世界で成功している究極の形。誰にとってもうれしい平均値を、100点満点で取るという商売をしています。

もし今後AI活用で平均点を取ることが容易になり、同じ品質の商品が作れるようになるとすると、価格でしか勝負が付かなくなり、値下げ合戦になってしまいます。

深津　そうですね。AI時代は、あらゆる業種でビジネスが4つのレイヤーに分かれると予測しています。

1番上のレイヤーは、ユニクロや無印良品のように、世界の平均値を究極に極めたプレイヤー。2番目は、上のレイヤーの類似品を少しずらしたり、価格を安くしたりしたところ。

3番目は、トレンドやヒット商品の模倣品を作っては、次々に商材を増やしていくプレイヤー。そして4番目に、産業の規模やアクセス経路が特殊で、大手が参入しにくく模倣されにくいプレイヤー。

平均化による値下げ合戦の一方で、巨大企業からすると「小さすぎて攻められない」領域で、収益を生み出す個性的なプレイヤーも増えていくはずです。AIを活用して固定費を下げることができれば、たとえ従業員が数人だとしても、事業を回すことができますからね。

彌野　AIにより、大半の業種でコモディティー化が加速し、差が出せないものはすぐ同質化する。そして価格競争に陥るということですね。

では、マーケティングで差別化を図れるのかという問題ですが、日本においてはマーケティングというと、広告宣伝に関する話題に偏りがちです。

マーケティングは、〝デザインとデリバリー〟、つまり商品開発と、商品価値をそれを求めている顧客に伝達する広告宣伝に大別できます。マーケティングは良い商品を作るところから始まっている。私たちはこのような考えを大切にしています。

深津　広告宣伝の部分は、今後AIでどんどん自動化が進んでいきます。

彌野　まさにそうですね。AI時代のマーケティングは、広告宣伝での差を期待するのではなく、「商品自体の独自性」をいかに強化できるかの勝負になるでしょう。

深津　「何を作れて、何を提供できるか」が最大の価値になりますね。これまで言語や営業、宣伝に壁があった地方の町工場や職人が、ＡＩを駆使して世界と直接取り引きをすることも起こるのではないでしょうか。長年かけて培った独自の技術に顧客視点の価値が備わっているなら、まさにＵＡＶですからね。

複数ブランドを束ねてビジネスを広げる

深津　独自性を高める以外でいうと、今後は、自社の適正サイズを保ってビジネスをすることが重要になりそうです。

資本主義は、資金を調達してひたすら拡大を目指すルールのゲームでした。ところが、これからの生成ＡＩ時代は、ＡＩを活用し事業を拡大し続けた先に残るのは、前述の通り「究極の平均値バトル」。事業を拡大すればするほど、せっかく保有していた独自性を自ら希薄化させ、価値を低下させる不自然なゲームに陥ってしまう可能性があります。ですから、自社が独自性を保てる適正サイズを見つけ、事業規模をキープすることも一つの生存戦略になります。

彌野　なるほど、規模の経済を目指すと生き残れる企業は限られてしまうというわけですね。自社のＵＡＶを強固なものにし、それがコモディティー化しないサイズを見極める。

深津　その通りです。市場規模10億円で留まる限り、非常に魅力的な商品を提供できるけれど、市場規模１００億円を目指すと、どこにでもある商品になったり、トッププレイヤーの企業に負けたりするということが起こりえます。

しかし、株主は拡大を望むでしょうし、自社の適正サイズが自分たちで分からないこともある。留まるのは難しいことでもあります。

彌野　深津さんのお話を踏まえると、生成ＡＩ時代では小規模だけれど独自性を持った複数のブランドをつくり、それを束ねて企業規模を拡大していく。いわばホールディングス化が主流になるかもしれないですね。

マーケティングにおいて、ブランドの確立はとても大切です。ブランドとは個性ですから、ブランドができた時点で、そのブランドを愛してくれるであろう顧客層もある程度見えてきます。

これは言い換えると、ブランドごとに、最大の顧客数や最大の売り上げが決まっているということでもあります。「ブランド」であり続けようとすると、永遠に成長はできず、必ず限界が来ます。

一つのブランドをやみくもに大きくするのではなく、個性的な複数ブランドを束ねてホールディングス化することで、独自性の高いブランドを壊さずにビジネスを大きくできる。これが生成AI時代の事業の拡大方法になるかもしれません。

仏LVMHグループが、まさにこれを体現している成功例。70を超えるブランドをホールディングス化し、ブランドを維持しながら成長を続けています。昨今M&A（合併と買収）が脚光を浴びていますが、世の中的にもすでにこの動きが始まっているのかもしれませんね。

深津　面白いですね。どこかがこけても他がカバーできる。分散投資型のポートフォリオのように盤石です。

彌野　今後は企業が業務に積極的にAIを導入することにより、各社の「平均化」が進みます。そうした中、自社の持つ強みを生かした構造的優位性を持つUAVを開発していかないと競合他社と差が付きません。AIには代替されにくい「属人性」も差別化するための大事な要素の一つとなるでしょう。深津さんとのディスカッションにより、AI時代こそ、UAVマーケティングの重要性がさらに増すと確信できました。

おわりに

この本を手に取り最後まで読んでいただき、本当にありがとうございます。

これまで私は約20年にわたり、実務家としてブランドマーケティングに携わってきました。「マーケティングとは何か」。私にとってその答えは「自社の強みを生かし、人々が求めるより良い商品やサービスを作って届けること」に他なりません。

マーケティング担当者の仕事は、顧客に向き合い、顧客が真に求めるものを理解することです。そして、社内の各部門と連携を図りながら、顧客に選ばれ続ける価値を創造し届けることです。そのように企業と顧客をつないで持続的な事業成長に貢献することが、マーケティングの役割だと考えています。

そんな「理想的なマーケティング」ができている状態を、どうすれば実現できるのか。本書では、自社の強みと顧客インサイトからUAVを開発し、さらにはそのUAVを基に事業活動を行う方法についてお伝えしてきました。

UAVを事業活動に反映できれば、「自分にとってベストなものが手に入った」と顧客に喜んでもらえ、リピート購入されるので、企業は大量の広告宣伝で売り込みをし続けなくても持続的な売り上げ成長が可能になります。これは「強いブランド」が構築された状態と言えます。本質的なマーケティングとは、売り手と買い手をつなぎ、事業を通じて企業と顧客がＷｉｎ－Ｗｉｎとなる状態をつくることです。その結果として、世の中に存在する様々な課題やペインポイントが、様々な商品やサービスで解決され、社会がより豊かになります。

ところがいまだにマーケティングとは、顧客が求める価値づくりではなく、広告宣伝や販促のことだとする誤解があります。顧客が求める商品やサービスを作り、届けることがマーケティングの本来果たすべき役割のはずですが、企業の意思の一方的な売り込みになってしまうと、顧客が求めるものと企業が提供する商品やサービスに乖離《かいり》が生まれ、強いブランドを築くことはできません。マーケティングの誤解は、企業にとっても顧客にとっても、理想的ではない結果を生み出します。

日本には、真面目な会社が多くあります。真面目であるがゆえに、弱みを克服したり、足りないものを埋めようとしたりと、一生懸命になります。「自社には強みがない」と嘆く方もよくいます。しかし強みがないなんてことはありません。本書の中で対談したファミリーマートの足立光さんは、「商品やサービスには、必ず何かしらの『価値』が存在しており、その価値があるからこそお客様に選ばれています。どのような事業においても、価値がないのであれば、そもそもその事業は続いていないでしょう」と話しています。事業が続いている限り、その事業や企業には必ず「顧客に選ばれ続ける価値」、つまり「UAV」が存在しているのです。

自社の強みは、自社にとっては当たり前のことすぎて、認識できていなかったり、見逃されてしまったりしがちなものです。本書が、まだ気付いていない自社の強みに気付くきっかけになることを願っています。

2024年4月、Bloom&Co.は創業して10年目に入りました。この間、様々な企業のマーケティングを支援する中で、支援先の強みを知り、顧客のインサイトを捉え、顧客が本当に求めているものを作り、届けることに尽力してきました。この先も、私たちが目指す「より良いものを、より多くの人へ」というパーパスは変わりません。しかし、今以上に精進して、今よりもはるかに高い確度とより速いスピードで、支援企業を成功へと導けることを目指していきます。

さらに今後、私たちの強みである「マーケティング×デジタル×グローバル」のすべてを強化し、我々のUAVも強化していきます。またUAV開発の精度やスピードを高め、より多くの企業支援に取り組めるよう、AI（人工知能）の活用なども進めていきます。国内外の数多くの企業が、自社の強みと顧客インサイトから見いだされるUAV

の開発による本質的なマーケティングを実践し「強いブランド」をつくれるようになるための支援を進化させ続けていきたいと思います。

世界中に本質的なマーケティングが広がっていけば、企業は顧客のインサイトを深く理解し、自社にしか提供できない価値を創造し、自社の商品・サービスの価値を磨き上げることに専念できます。各社が自社の強みを生かした多様な価値を創造できれば、多様なブランドが共生する世界が実現します。

すると〝同質化〟によって生じる〝収益性を損なうような不毛な競争〟が減り、「競合と戦うことを主眼にするのではなく、それぞれの強みを生かし、顧客に選ばれ続ける価値を生み出すことに注力する社会」が実現されます。そうなれば、世界はもっと多様な価値を持ったブランドであふれて豊かになることでしょう。

本質的なマーケティングは、顧客が求める価値あるものを生み出す力を持っています。正しく活用することで、より多様で、彩り豊かな社会を築くことができるはずです。UAVマーケティングの実践を通じて、皆さんが自社の強みと顧客インサイトの理解から、自社にしか提供できない価値づくりに集中されることを願っています。

本書の執筆に当たり、協力いただいた皆様に御礼申しあげます。対談の相手を務めてくださったファミリーマートの足立光さんは、私が尊敬するマーケティングの先輩です。同じくマーケティングに携わる者として、持続的に成果を出し続けている足立さんのすごさを感じています。ｎｏｔｅの深津貴之さんは、常に時代の一歩先を行く技術やテクノロジー、未来に対しての示唆を与えてくれる貴重な存在です。今回の対談でも多くの気付きを与えていただきました。

また本書の執筆にあたり、編集者として最後まで伴走して頂いた日経クロストレンド編集長の勝俣哲生さん、編集部の公文紫都さんにもこの場を借りて御礼を申し上げます。

最後に、会社を立ち上げここまでやって来られたのは、ともに仕事をする個性的で魅力的な仲間のおかげです。本書の執筆に当たっても、頼もしいチームメンバーから貴重な意見やサポートをもらいました。多様な強みを持つ素晴らしいメンバーと、様々なマーケティング課題に真剣に、そして、楽しく取り組めていることは幸せの極みです。

本書が少しでも皆様のお役に立てることを願って。

Ｂｌｏｏｍ＆Ｃｏ．代表取締役　彌野　泰弘

彌野 泰弘

Bloom&Co. 代表取締役
米国大学卒業。P&Gにてブランドマーケティングを、日本・シンガポール・スイスなどで約9年間にわたって担当。多国籍なチームメンバーとともにマーケティング戦略の策定、および実行の指揮を執る。2012年にDeNAに入社。執行役員 マーケティング本部 本部長として、モバイルゲーム事業、EC事業、新規事業、スポーツ事業やコーポレートブランディングの刷新も含め、全社のマーケティング活動を統括。15年4月にBloom&Co.を設立。日系大企業、グローバル企業、スタートアップまで、100社以上のマーケティング戦略策定・戦略実行・組織強化の支援を行う。現在は、日本とシンガポールに拠点を構え、日本企業のグローバル展開、グローバル企業の日本市場参入など、クロスボーダーのマーケティング支援も行う。LITALICO社外取締役（監査等委員）、経済産業省主催「始動」メンター

UAV あなたが知らない あなたの会社だけの強み
顧客に選ばれ続ける「最強ブランド」のつくり方

2024年5月27日 第1版第1刷発行

著者	彌野 泰弘
発行者	佐藤 央明
執筆協力	清水 美奈 井澤 梓　松野 紗梨
編集	勝俣 哲生　公文 紫都（日経クロストレンド）
発行	株式会社日経BP
発売	株式会社日経BPマーケティング 〒105-8308　東京都港区虎ノ門4-3-12
装丁・レイアウト	中川 英祐（トリプルライン）
校正	株式会社聚珍社
印刷・製本	大日本印刷株式会社

ISBN 978-4-296-20479-3